Dr. John Coleman

AU-DELÀ DE LA CONSPIRATION

DÉMASQUER LE GOUVERNEMENT MONDIAL INVISIBLE

OMNIA VERITAS.

John Coleman

John Coleman est un auteur britannique et un ancien membre du Secret Intelligence Service. Coleman a produit diverses analyses concernant le Club de Rome, la Giorgio Cini Foundation, le Forbes Global 2000, le Interreligious Peace Colloquium, le Tavistock Institute, la noblesse noire ainsi que d'autres organisations qui se rapprochent de la thématique du Nouvel Ordre Mondial.

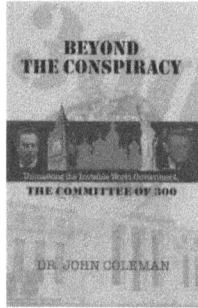

AU-DELÀ DE LA CONSPIRATION
DÉMASQUER LE GOUVERNEMENT MONDIAL INVISIBLE

BEYOND THE CONSPIRACY
Unmasking the Invisible World Government

Traduit de l'anglais et publié par Omnia Veritas Limited

© Omnia Veritas Ltd – 2022

ⒺMNIA VERITAS®

www.omnia-veritas.com

Avertissement de l'éditeur

Certains passages et paragraphes comportent des redites. Comme l'ouvrage est en majeure partie composé à partir d'une compilation d'articles, nous les avons conservés, certains que ces quelques répétitions ne nuiraient pas à la compréhension des sujets qu'ils évoquent.

AVANT-PROPOS

J'espère que le lecteur connaît déjà mon livre *La hiérarchie des conspirateurs, histoire du comité des 300*[1] qui a été publié dans sa quatrième édition en janvier 2007. Il peut par ailleurs être difficile d'envisager la portée de ce livre. La vérité est que très peu de gens dans le public ont les moyens adéquats pour donner un sens à des événements qui semblent hors de portée, coupés de notre expérience immédiate et inaccessible à l'entendement dû à nos connaissances limitées. Nous pensons ainsi à tort qu'il ne peut en être ainsi. Avec un tel contexte, l'individu moyen ne peut pas considérer avec certitude les changements irrémédiables, presque toujours pour le pire, qui se produisent dans d'autres régions de la nation et du monde, ni les concevoir comme le fruit d'une conspiration, et encore moins commencer à comprendre qu'ils font partie d'un plan délibérément conçu pour provoquer des bouleversements préétablis. Ces changements délibérés ne sont pas perçus comme tels, car la majorité des gens ne pensent pas de cette manière. La fin de la continuité de la vie familiale, la perte d'un emploi qui était "dans la famille" depuis plusieurs générations (dans une usine automobile par exemple) ; un déménagement forcé du quartier que nous aimons, laissant derrière nous les amis, l'église et toutes les choses familières et confortables. La personne moyenne n'attribue jamais ces bouleversements et ces déformations de sa vie à autre chose qu'au hasard. Il n'en sait tout simplement pas plus et ne peut concevoir que ce qui lui

---

[1] *La hiérarchie des conspirateurs, histoire du comité des 300*, Omnia Veritas Limited, www.omnia-veritas.com.

arrive est bien autre chose qu'un simple hasard.

Dans son ouvrage *The Open Conspiracy*, l'auteur et agent anglais du MI6 H.G. Wells, a écrit sur l'incompréhension de "l'homme du commun" concernant les sociétés secrètes, tout comme le Dr Jacob Mass, le biographe du juge Brandeis, qui a déclaré que des accords secrets sont conclus, sur lesquels il est très difficile d'obtenir des informations définitives, jusqu'à ce qu'ils soient perdus dans les archives du temps, lorsque les hommes sont aptes à écrire leurs mémoires.

Au cours de l'histoire, on a souvent fait remarquer que, dans la plupart des pays, l'homme moyen n'a que peu ou pas de temps à consacrer à autre chose qu'à gagner sa vie, élever sa famille et occuper un emploi qui lui permette d'atteindre ces objectifs. Cela lui laisse peu ou pas de temps pour s'occuper de la politique, des questions économiques ou d'autres questions vitales, telles que la guerre et la paix, qui affectent sa vie et celle de la nation.

Les gouvernements le savent. Il semble qu'il en soit de même pour les groupes hautement organisés qui opèrent derrière de nombreuses organisations de façade différentes qui ont toujours l'avantage sur les citoyens. Ce que l'individu moyen ne sait pas — et ne saura probablement jamais — c'est que tous les grands événements historiques sont planifiés en secret par des hommes qui s'entourent d'une totale discrétion. Le Dr Gérard Encausse, dans son ouvrage *Mysteria* du 14 avril 1914, l'a exprimé ainsi :

> À côté de la politique internationale de chaque État, il existe certaines organisations obscures. Les hommes qui participent à ces conseils ne sont pas des politiciens professionnels ou des ambassadeurs brillamment habillés, mais certains inconnus, de grands financiers, qui sont supérieurs aux vains politiciens éphémères qui s'imaginent qu'ils gouvernent le monde.

Les membres de la Compagnie Britannique des Indes orientales constituaient un tel groupe, dont les antécédents provenaient des Cathares, des Bogomiles et des Albigeois, originaires de la Babylone manichéenne, et qui sont devenus les contrôleurs non seulement de l'Angleterre, mais du monde entier. Tout au long de l'histoire, on a constaté que l'un des dénominateurs communs est le désir de l'homme de contrôler. Quelle que soit la structure sociétale examinée, il y a toujours un groupe de certains individus, chez qui le besoin de contrôle est primordial, et qui se regroupent en sociétés secrètes. Quiconque cherche à exposer ces sociétés se met donc en danger.

C'est l'une des raisons pour lesquelles le Comité des 300 a si bien réussi à dissimuler son existence à la grande masse du peuple américain, à tel point qu'ils n'ont maintenant pas peur d'aller au-delà de la conspiration au grand jour. Apparemment, un petit nombre de chercheurs ont estimé qu'il devait y avoir une sorte d'organe de coordination et de contrôle de niveau supérieur, qui supervise et coordonne les activités des agences de "niveau local", dont les banques de la Réserve fédérale ne sont qu'une parmi tant d'autres. Elles étaient généralement regroupées sous le titre de "sociétés secrètes".

Le but de ce livre est d'aller au-delà de la conspiration et d'ouvrir les portes de ces sociétés secrètes pour savoir comment l'humanité est réellement gouvernée et par qui.

* * *

Je remercie les nombreux amis et sympathisants de mon travail qui m'ont tant aidé à surmonter les attaques dont il a fait l'objet et qui ont été généreux dans leur soutien financier en période de difficultés ; ce qui a permis la publication de ce livre malgré une forte opposition.

Ce livre est un compte rendu du plan directeur du gouvernement mondial unique qui a été révélé aux participants du mal nommé Colloque interreligieux sur la paix qui s'est tenu à Bellagio, en Italie, en 1972. Le plan directeur de paix mal nommé a été mis en œuvre pour la première fois en Yougoslavie afin de la détruire en tant qu'État-nation. C'est pourquoi la majeure partie de ce livre traite de ce qui s'est passé là-bas, car il s'agissait d'un "modèle" pour les actions futures à mener contre les nations souveraines et les peuples.

L'Irak pourrait bien être le dernier pays à être envahi par une force militaire du gouvernement mondial unique. Sur la base des enseignements tirés de la conquête de la Yougoslavie, l'opinion des observateurs de la conspiration est que le plan qui a renversé Milosevic est la façon dont les futurs gouvernements récalcitrants seront mis au pas. Ainsi, une étude détaillée de la méthodologie et de la stratégie employées pour détruire la Yougoslavie, réalisée ces dernières années, est de la plus haute importance.

Dr. John Coleman, septembre 2007

Chapitre 1

La montée des mondialistes panthéistes et déistes

Presque trois cents ans plus tard, la plus importante de ces familles était les Rockefeller qui possédaient et contrôlaient la dynastie Rockefeller-Standard Oil. C'est ce réseau qui a été utilisé par les "300" pour introduire le "New Deal" socialiste fabien via Roosevelt et déposséder le peuple américain de son or. La plupart de ces familles, tout en professant extérieurement le christianisme, étaient panthéistes, gnostiques, rosicruciens et mondialistes déistes. Leur philosophie était très nettement socialiste.

On le comprend mieux si l'on considère que les ancêtres de certaines de ces familles remontent aux anabaptistes et aux lollards de Wycliff, dont la politique était nettement communiste, bien que le communisme en tant que doctrine établie n'existât pas encore. Il existe une école de pensée selon laquelle il y aurait eu parmi eux des éléments des Bogomiles qui avaient fui des Balkans vers le Nouveau Monde pendant l'Inquisition, ainsi qu'un certain nombre de descendants des Khazars, une race barbare d'origine indo-turque, qui vivait le long du cours inférieur de la Volga en Russie, jusqu'à ce qu'ils soient chassés par les princes de Moscou menés par le prince Dimitri Donskoi. (*Encyclopédie Britannica*, 1915)

La famille Rockefeller et la famille Astor auraient émigré aux États-Unis depuis l'Asie Mineure, ce mélange de races et de cultures étrangères remontant aux Manichéens. (*Rockefeller Internationalist*, Emmanuel Josephson 1952)

La Compagnie des Indes orientales, avec sa charte accordée par la monarchie, et son successeur, les hommes de la British East India Company, avaient l'habitude d'accorder des subventions à des évangéliques chrétiens. Rockefeller et ses compagnons de route lui ont emboîté le pas, encourageant le christianisme évangélique pour cacher leurs véritables intentions, qui étaient d'atteindre le pouvoir politique aux États-Unis, puis dans le monde entier, comme l'a démontré le vieux John D. Rockefeller.

Aux États-Unis, c'est le fondamentaliste chrétien parrainé par les compagnies britanniques des Indes orientales, John Nelson Darby, sous le nom de "Dispensationalisme", qui a été favorisé par la China Inland Mission et, en Afrique du Sud, avant la guerre anglo-boer, par la London Missionary Society, qui a provoqué la guerre en 1899 par son ingérence politique. Toutes ces organisations chrétiennes semblent avoir été bien financées. Les Quakers ont créé des communes de type communiste pendant la guerre d'Indépendance et ont bénéficié d'un soutien financier important de la part de William Aldrich (un ancêtre de Nelson Aldrich Rockefeller).

Les membres de la famille Rothschild étaient les principaux conspirateurs travaillant à l'installation d'une banque centrale aux États-Unis en violation flagrante de la Constitution américaine qui interdit une telle institution. Ce que nous avons vu avec l'installation de la Federal Reserve Bank était la consolidation de l'emprise du Comité des 300 sur l'Amérique.

Elle a suivi la politique étrangère américaine et les guerres que l'Amérique a menées au cours du XIXème siècle (y compris la guerre hispano-américaine de 1898 et l'actuelle soi-disant guerre contre le terrorisme) ont réussi à étendre le contrôle du cartel sur l'économie mondiale. Sans l'établissement réussi d'une banque centrale aux États-Unis, toutes les guerres qui ont été menées après 1912 auraient été impossibles à financer. La guerre civile américaine a été menée pour déterminer le contrôle de l'économie américaine. La question de l'esclavage était de peu d'importance ; le Nord se souciait peu de l'esclavage. De nombreux généraux de l'armée de l'Union étaient propriétaires d'esclaves, tout comme Mme Lincoln, l'épouse d'Abraham

Lincoln. La guerre civile, comme toutes les guerres, s'est déroulée sur des questions économiques. L'esclavage n'était qu'un faux-fuyant et n'était pas la cause fondamentale de la guerre. Les Américains, facilement trompés par leur confiance dans le gouvernement, ne connaissaient pas la véritable cause de cette guerre tragique.

Encore une fois, que ce soit clair : toutes les guerres sont des guerres économiques dans leur origine et leur but. Le Sud avait parfaitement le droit de faire sécession si ses citoyens le souhaitaient, en raison des problèmes économiques entre le Nord et le Sud. L'implication est que l'Amérique a accumulé sa position internationale de "seule superpuissance" par accident et non à dessein. Les arguments en faveur d'un point de vue contraire suscitent des accusations dérisoires d'être victime de la "théorie du complot".

Il est rassurant de constater que les Américains croient que les personnes et les organisations intéressées sont incapables de collaborer à une conspiration pour atteindre des causes communes. Lorsque J.P. Morgan a réuni les propriétaires des chemins de fer américains autour d'une table et a conclu un accord de non-concurrence, ce n'était pas un accident. *En fait, il s'agissait d'une conspiration.* Aucune des guerres de l'Amérique n'était un accident et elles ont été bien plus profitables que ce qui sera jamais rendu public. Les États-Unis ont confisqué des milliards de dollars de trésors de guerre allemands et japonais à la fin de la Seconde Guerre mondiale. Le président Truman a pris la décision délibérée de ne pas le révéler au public et de ne pas le rapatrier à la fin des hostilités. Au lieu de cela, il a été et est toujours utilisé pour financer des opérations secrètes.

La croyance répandue selon laquelle les trusts tant détestés ont été démantelés au cours de la première décennie du vingtième siècle grâce à la croisade de Theodore Roosevelt est certainement sans fondement. Il ne fait aucun doute que Roosevelt a profité de sa prise de position publique contre les "grandes entreprises" pour obtenir des fonds de campagne de la part des hommes d'affaires qu'il attaquait. Cela explique peut-être pourquoi il a ensuite signé une loi abrogeant les sanctions pénales pour ces mêmes hommes d'affaires. Il s'agit d'un fil conducteur qui traverse les présidents américains "libéraux", "conservateurs" ou "progressistes". Franklin D. Roosevelt souhaitait qu'on se souvienne de lui comme du champion des opprimés, qui a mis fin à la Grande Dépression. Il a mis en place le système de sécurité sociale de la nation, qui est en réalité financé par une taxe hautement régressive sur ses bénéficiaires. Les contributions de contrepartie des entreprises étaient autorisées à être déduites en tant que dépenses professionnelles avant impôt, ce qui ne faisait qu'étendre la nature régressive du programme en finançant la part des entreprises à partir de recettes fiscales perdues. Roosevelt, un politicien hors pair, a remporté une victoire écrasante sur un programme de réformes qu'il n'a jamais eu la moindre intention de mettre en œuvre.

En fait, il a fait le contraire en déclarant une urgence économique nationale, court-circuitant toute contestation constitutionnelle de son pouvoir devant les tribunaux. Il s'est empressé de ne pas respecter la clause relative à l'or contenue dans les contrats d'obligations du gouvernement et a créé le Fonds de stabilisation des changes (ESF)[2] en 1934 ; apparemment destiné à promouvoir la stabilité du dollar sur les marchés des changes, il est dispensé de rendre compte au Congrès et n'est responsable que devant le président et le secrétaire au Trésor. Il s'agit, en somme, d'un fonds non déclaré qui peut puiser dans le crédit du gouvernement fédéral, une pratique inconstitutionnelle et très dangereuse.

La création du ESF n'est que le prolongement de la même logique qui a présidé à la création de la Réserve fédérale en 1914. Cette dernière, la Réserve fédérale a également été créée en réponse à une crise : le krach de 1907. La légende de Wall Street attribue au génie et au patriotisme de J.P. Morgan le mérite de sauver la nation. En réalité, le krach et la dépression qui en a résulté ont permis à Morgan d'éliminer ses concurrents, de

---

[2] Exchange Stabilization Fund, Ndt.

racheter leurs actifs et, ce faisant, de révéler à la nation et au monde entier à quel point les banques internationales de Wall Street et Morgan étaient puissantes.

Tous n'étaient pas reconnaissants et certains ont exigé une action législative pour placer le crédit fédéral et le système monétaire national sous la surveillance et le contrôle du public. Au cours d'une campagne teintée d'habileté politique, la Réserve fédérale a été créée en 1912 par une loi du Congrès à cet effet. Mais en la créant en tant que société privée détenue par les banques, le Congrès a effectivement cédé aux banques une position encore plus forte que celle qu'elles avaient occupée auparavant. Aujourd'hui encore, on ne comprend pas très bien que la Réserve fédérale est une entreprise privée détenue par les intérêts mêmes qu'elle réglemente nominalement.

Ainsi, le contrôle du crédit fédéral et du système monétaire américain, ainsi que le riche flux d'informations privilégiées qui en découle, sont soustraits à la vue du public et sont contrôlés en secret, ce qui explique en partie la nature de sphinx du président de la Réserve fédérale. On ne comprend généralement pas que chacune de ces agences a été créée en défiant ouvertement la Constitution américaine, signalant ainsi avec audace que la conspiration n'avait plus besoin d'être cachée. Un seul homme au Congrès a reconnu que la Réserve Fédérale était une entité inconstitutionnelle, donc illégale.

Le membre du Congrès Louis T. McFadden était cet homme. Il a intenté une action en justice contre la Réserve fédérale, affirmant qu'elle avait volé des milliards de dollars au peuple américain, et a exigé la restitution de l'argent. Mais McFadden a été assassiné avant que son action en justice ne soit portée devant un tribunal et cela n'a donc rien donné. Une autre action anticonstitutionnelle au même titre que la Réserve fédérale est la loi sur la CIA de 1949, qui a créé un mécanisme budgétaire permettant à la CIA de dépenser autant d'argent qu'elle le souhaite "sans tenir compte des dispositions de la loi et des règlements relatifs aux dépenses des fonds gouvernementaux." En bref, la CIA dispose d'un moyen de financer n'importe quoi

— légal ou illégal — derrière la barrière des lois sur la sécurité nationale et le Congrès est resté les bras croisés et a permis à cette organisation anticonstitutionnelle d'usurper son autorité sans lever le petit doigt pour mettre fin à une violation aussi déplorable de la Constitution américaine et à la perte de ses pouvoirs.

Chapitre 2

Le commerce des stupéfiants

Il peut sembler étrange à la majorité des lecteurs de penser qu'il pourrait y avoir un lien positif entre le trafic de stupéfiants et le marché boursier, mais réfléchissez : à la fin des années 1990, le ministère américain de la Justice a estimé que les produits de ce commerce entrant dans le système bancaire américain représentaient entre 500 et 1000 milliards de dollars par an, soit plus de 5 à 10% du produit intérieur brut (PIB). Les produits du crime doivent trouver un chemin vers des canaux légitimes, c'est-à-dire légaux, sinon ils n'ont aucune valeur pour leurs détenteurs. Si l'on imagine en outre que le système bancaire perçoit une commission de 1% pour le traitement, les bénéfices que les banques tirent des activités liées aux stupéfiants sont de l'ordre de 5 à 10 milliards de dollars.

Si l'on applique à ce chiffre le multiple boursier actuel de Citigroup, qui est d'environ 15, on obtient une capitalisation boursière comprise entre 65 et 115 milliards de dollars. On peut donc facilement voir l'importance du commerce illégal de la drogue pour l'industrie des services financiers. Il se trouve que ce commerce de profits illégaux est concentré dans quatre États : Texas, New York, Floride et Californie, ou quatre districts de la Réserve fédérale : Dallas, New York, Atlanta et San Francisco. Peut-on sérieusement supposer que la Réserve fédérale n'est pas au courant, même si le ministère de la Justice l'est ? Après tout, c'est elle qui gère le flux et doit savoir d'où il vient.

L'une des raisons du silence de la Réserve fédérale est que des agences du gouvernement lui-même sont impliquées dans le trafic de drogue depuis soixante ans ou plus, comme je l'explique en détail dans mon ouvrage intitulé *The Drug Trade from A to Z*.

Pour comprendre le budget noir utilisé par la CIA et d'autres organismes, il faut être conscient de la pratique américaine consistant à ouvrir le marché de consommation américain des drogues aux exportateurs afin de poursuivre des objectifs stratégiques à l'étranger. La portabilité des stupéfiants et l'énorme augmentation des prix entre la production et le point de vente en font une source de financement particulièrement utile pour les opérations secrètes. Plus important encore, le produit de la vente des stupéfiants échappe totalement aux canaux de financement conventionnels et constitutionnels. Cela explique en partie le trafic de stupéfiants dans les zones de conflit du monde entier, de la Colombie à l'Afghanistan. Par exemple, depuis le début des hostilités en Afghanistan avec l'implication des forces de l'OTAN, la culture du pavot et la production d'opium brut sont passées de 3000 à 6000 tonnes par an.

L'impact du trafic de stupéfiants sur les communautés et les économies au point de vente est toutefois peu étudié. Prenons, par exemple, l'impact sur les marchés immobiliers et les services financiers. L'immobilier est un secteur attrayant pour employer l'excédent d'argent liquide résultant de la vente de stupéfiants, car il est, en tant qu'industrie, entièrement non réglementé en ce qui concerne le blanchiment d'argent. L'argent liquide étant un mode de paiement acceptable et, dans certains endroits, familier, de grosses sommes peuvent être écoulées facilement et sans trop de commentaires. Il peut en résulter et il en résulte une distorsion considérable de la demande locale qui, à son tour, alimente la spéculation immobilière et la demande accrue de crédit pour la financer, tout en offrant des possibilités considérables de spéculation et de fraude.

L'imbroglio des contras iraniens dans les années 1980 contenait tous ces éléments ; bien que beaucoup connaissent la vente d'armes à l'Iran afin de fournir des liquidités pour financer les guérillas soutenues par la CIA au Nicaragua et les escadrons de la mort au Salvador, ils savent moins que les institutions financières locales et les ventes de stupéfiants dans le secteur bancaire américain permettent d'appliquer un effet de levier aux liquidités générées par les activités "illégales", tout en rendant possible le blanchiment des fonds. Et lorsqu'une banque fait faillite, ce sont les actionnaires, les déposants non assurés et les contribuables qui paient la facture. Le trafic de stupéfiants crée un environnement dans lequel les incitations à s'engager dans une activité non économique sont plus importantes que celles à s'engager dans une activité économique. En un mot, les profits tirés du vol sont plus élevés que ceux tirés du respect des règles.

Le pouvoir du gouvernement, combiné aux progrès de la technologie informatique, a permis, au cours des quarante dernières années, de faciliter la gestion des flux de trésorerie nationaux — et par extension internationaux.

La victoire américaine dans la Seconde Guerre mondiale a entraîné la cooptation de l'ensemble de l'Occident et de ses dépendances au sein du Fonds monétaire international (FMI) négocié à Bretton Woods en 1944. Quarante-cinq ans plus tard, l'effondrement de l'Union soviétique en 1989 signifiait que, pour la première fois dans l'histoire, il n'y avait pas d'autre choix monétaire ou politique sur la scène internationale. L'Empire britannique s'était rendu aux Américains précisément parce que l'Amérique représentait une alternative à la livre sterling, à savoir le dollar.

Aujourd'hui, les États-Unis président un système monétaire mondial plus ou moins totalement fermé, basé sur le dollar. En pratique, cela signifie que les pays faisant partie du système doivent échanger de la valeur réelle sous forme de ressources naturelles comme le pétrole et le gaz, d'articles manufacturés et de marchandises avec le cartel américain en échange de dollars, qui ne sont rien de plus qu'une écriture comptable créée de toutes pièces. Cette situation est analogue à celle d'une entreprise sans actifs qui échangerait des actions diluées contre des liquidités, et ce n'est pas un hasard. C'était une technique privilégiée par laquelle la dynastie de J. P. Morgan du XIXème siècle a financé avec succès la consolidation de l'industrie et de la finance américaines.

Leurs héritiers s'affairent à faire la même chose, mais à l'échelle mondiale. Et tout cela se passe au grand jour, au-delà du stade de la conspiration. Grâce à leur contrôle financier unique, les États-Unis ont pu se lancer dans des aventures militaires mondiales coûteuses dont l'issue est loin d'être certaine. Cela marque le point culminant de plus de cinquante ans de guerre ouverte et secrète continue. Elle est soutenue en cela par l'appareil financier le plus sophistiqué de l'histoire, capable de mobiliser les liquidités générées par une grande variété d'activités tant ouvertes que secrètes. Le prix à payer a été l'évidement progressif de l'économie américaine elle-même et l'érosion progressive des libertés civiles et de l'État de droit. Ce sera aussi la fin de cette République.

Toutes les guerres commencent par des situations inventées

Le parti de la guerre a généralement réussi à maintenir le contrôle de la politique étrangère américaine grâce à sa mainmise pratiquement inébranlable sur le processus politique. Il y est parvenu grâce à sa maîtrise du système bipartite qui a consacré les démocrates et les républicains comme les deux seules véritables options pour les électeurs américains. Même lorsque le peuple américain s'est opposé à l'interventionnisme — comme à l'approche de la Seconde Guerre mondiale, par exemple — les élites pro-guerre ont manipulé le processus politique et se sont assurées que les électeurs se voient présenter deux candidats bellicistes au lieu d'un seul. En 1968, au plus fort de la guerre du Viêt Nam, un processus de sélection des délégués soigneusement mis en scène a écarté Eugene McCarthy de l'investiture démocrate pour la présidentielle. Au niveau de la politique présidentielle, le système n'a échoué qu'une seule fois, dans le cas de George McGovern, et a fonctionné depuis lors avec une efficacité impitoyable pour s'assurer que le peuple des États-Unis *n'ait jamais* à voter sur l'orientation de la politique étrangère américaine.

C'est ainsi que nous entrons en guerre, malgré le sentiment populaire anti-guerre, et c'est ainsi que nous y restons — sans tenir compte de l'énorme pourcentage du public américain qui dit que notre occupation actuelle de l'Irak est inutile. Pourtant, certains signes montrent que la mainmise du parti de la guerre sur le leadership d'au moins un grand parti commence à s'effilocher. Cet effilochage est une réponse au sentiment anti-guerre de la base qui dynamise un nombre croissant de militants du parti démocrate — anciens et nouveaux — forçant les dirigeants moribonds à se prononcer contre l'occupation de l'Irak ou à rejoindre le sénateur Joe Lieberman, le plus fervent partisan du président en matière de guerre. Certains disent que c'est parce que Bush est un partisan si sûr d'Israël. En effet, Lieberman est plus royaliste que le roi, attaquant toute idée de retrait des troupes comme étant inadmissible, et exigeant même la fin de toute discussion sur le retrait, et que les États-Unis attaquent l'Iran.

L'aile Lieberman des démocrates a toujours eu pour objectif de limiter le débat, de fermer la discussion et de contrôler les candidats et la structure organisationnelle du parti au niveau de la circonscription pour s'assurer qu'aucune contestation de l'interventionnisme et du militarisme n'émerge de la base. Ce sont les derniers démocrates de Scoop Jackson, les précurseurs des "néo-conservateurs" d'aujourd'hui, qui étaient plus belliqueux que de nombreux républicains à l'époque de la guerre froide, et qui ont toujours insisté pour que la politique s'arrête au bord de l'eau (c'est-à-dire que la politique étrangère ne doit jamais être débattue) et que le grand consensus bipartisan en faveur de l'intervention mondiale puisse se poursuivre sans être contesté, pour toujours.

On pense généralement que les néoconservateurs sont exclusivement des républicains, mais c'est ignorer leur histoire en tant que tendance politique et idéologique — et l'arrière-plan des démocrates de Scoop Jackson, notamment Richard Perle, un collaborateur de Jackson ; Elliot Abrams, ancien chef de cabinet du sénateur Daniel P. Moynihan et des notables "néo-bolcheviks" tels que Ben Wattenberg, Joshua Muravchik et Marshall.

C'est Truman, bien sûr, qui a créé le précédent en s'arrogeant le pouvoir d'envoyer des troupes à l'étranger sans déclaration de guerre — un exploit que même Franklin Roosevelt, qui aspirait ouvertement à être un dictateur, n'avait pas osé tenter.

Alors que la République américaine commençait à se transformer en empire, il a été jugé nécessaire — par les dirigeants des deux partis — de donner au chef de l'exécutif des pouvoirs impériaux, c'est-à-dire le pouvoir de faire la guerre sans consulter personne. En 1950, lorsque le président Truman a envoyé des troupes américaines en Corée, seuls quelques républicains se sont opposés à cette usurpation de la Constitution et ont prévenu que les Américains regretteraient un jour d'avoir laissé faire.

> "Si le président peut intervenir en Corée sans l'approbation du Congrès", a déclaré le sénateur Robert A. Taft, "… il peut entrer en guerre en Malaisie, en Indonésie, en Iran ou en Amérique du Sud".

Quoi qu'il en soit, les démocrates de Truman ont la vie dure ces jours-ci : la base du parti — et plus particulièrement ce qu'on appelle les " net-roots " — a un impact réel, pour la première fois depuis la guerre du Vietnam. Le soutien fervent de Lieberman à la guerre a provoqué l'opposition, et il a dû faire face à une primaire du parti, le millionnaire Ned Lamont, qui avait fait de la guerre le thème majeur de la campagne, gagnant régulièrement du terrain dans les sondages. Lamont a été choisi comme candidat du parti face à Lieberman, qui a alors demandé à figurer sur le bulletin de vote en tant qu'"indépendant".

Le soutien de Lieberman à la guerre était impopulaire auprès des électeurs, mais apparemment très bien financé et soutenu par le lobby de l'AIPAC ; il a battu Lamont et a été réélu pour quatre autres années au Sénat. En tant que co-président de la nouvelle Commission sur le danger actuel, Lieberman sert d'homme de paille pour l'aile la plus radicale du mouvement néo-bolchevique : des bellicistes de premier plan comme James R. "World War IV" Woolsey, Ken "Cakewalk" Adelman, Frank Gaffney et Midge Decter, parmi beaucoup d'autres, qui pensent que le soutien des États-Unis à Israël est la question la plus importante de la politique américaine. Mais bien sûr, "les terroristes" (c'est-à-dire les insurgés irakiens) peuvent — et *sont* — *en train de* nous vaincre militairement.

Ils sont victorieux tant qu'ils peuvent maintenir l'impasse actuelle. Quant à la déception du peuple américain, en ce qui concerne cette guerre, elle découle du fait qu'on lui a menti et qu'on l'a conduit dans un bourbier. La récente condamnation de "Scooter" Libby, chef de cabinet du vice-président Dick Cheney, a ouvert une boîte de conserve malodorante qui montre à quel point la panoplie de mensonges et de tromperies qui a conduit les États-Unis en Irak pour la deuxième fois était importante et répandue. Non pas que cela fasse une différence appréciable. Les conspirateurs se sont lancés dans une action qui se déroule au grand jour. En bref, l'administration Bush et ses partenaires britanniques ont désormais largement dépassé le stade de la conspiration.

L'idée que le néo-médiévalisme d'Oussama Ben Laden et Cie représente une menace aussi grande que le communisme et/ou le fascisme est absurde à première vue : le mouvement communiste international, à son apogée, représentait des millions d'idéologues engagés qui étaient, à leur tour, soutenus par l'Union soviétique et ses satellites dotés de l'arme nucléaire. Dans pratiquement tous les pays de la planète, les agents hautement disciplinés du Kremlin faisaient de l'agitation et recrutaient pour leur cause, se levant en réponse à l'appel de Moscou et gardant un profil bas lorsque la discrétion était de mise.

Les révolutionnaires islamistes, en revanche, ne peuvent se prévaloir de tels avantages : ils ne détiennent le pouvoir étatique nulle part, et leurs partisans sont largement confinés au Moyen-Orient et à l'Afrique du Nord, avec de petits avant-postes de soutien en Afghanistan et en Asie du Sud. En outre, ce fantasme d'un "nouvel empire du mal", sous la forme d'un "califat" islamiste mondial, n'est pas un croquemitaine très convaincant. Outre la futilité d'unir une communauté de nations arabo-musulmanes largement dysfonctionnelle — ce qui ne ferait qu'entraîner un dysfonctionnement à une échelle bien plus grande — ce soi-disant "califat" ne menacerait personne en Occident. Israël — qui, la dernière fois que j'ai regardé une carte, n'est pas situé en Occident — serait le seul perdant potentiel.

Quant à la comparaison avec le fascisme et le national-socialisme : L'Allemagne nazie, à son apogée, commandait la plus puissante machine de guerre de la planète. Hitler était le maître de l'Europe et ses armées marchaient sur Moscou, encerclaient les restes de la résistance à l'hégémonie allemande en s'emparant de l'Afrique du Nord et se préparaient à attaquer les Britanniques.

Où se trouve une force comparable dans le monde musulman ? Bush et Cheney vivent un épisode de fiction historique, dans lequel ils sont les héros de la vérité qui osent nager à contre-courant de l'opinion au sein de leur propre parti. Ils se battent au nom de la lutte pour la "démocratie" contre les "pacifistes" de l'époque moderne, qui, comme le laisse entendre l'insinuation, sont hostiles à la guerre parce qu'ils sont secrètement (ou pas si secrètement) favorables à l'ennemi.

Selon Lieberman, si les démocrates s'opposent à cette guerre futile lancée sur la base d'un mensonge, alors les terroristes auront gagné parce que nous leur aurons permis de "nous diviser et de nous vaincre politiquement." Si vous êtes contre la guerre, vous êtes pour Al-Qaïda." Tel est le message de Lieberman, qui est tout aussi cohérent sur cette question que George W. Bush, même s'il est un peu plus véhément.

Le point de vue de Bush-Cheney selon lequel nous sommes engagés dans cette bataille épique - semblable à la lutte contre l'hitlérisme et le stalinisme — n'est partagé par absolument personne qui connaisse un tant soit peu Al-Qaïda ou le Moyen-Orient et qui ait une once de bon sens. Le communisme et le fascisme étaient tous deux des mouvements de masse qui ont pris le pouvoir dans plusieurs pays et étaient capables de mener une attaque militaire conventionnelle contre les États-Unis.

Les islamistes radicaux qui ont déclaré la guerre à l'Amérique sont l'avant-garde numériquement faible d'une insurrection mondiale capable — pour l'instant — de s'engager dans des luttes de guérilla à petite échelle. Le communisme était une croyance universelle : l'attrait du communisme et du fascisme était bien plus grand que celui d'Al-Qaïda, qui ne peut espérer recruter que les plus aliénés et les plus aptes à se rallier à sa cause. Rares sont ceux qui, n'étant pas déjà des musulmans zélés, se convertiront à l'islam radical.

Chapitre 3

La technique du coup d'État

Discutons des informations sur les coups d'État pour nous aider à comprendre ce qui se passe aujourd'hui. De l'Ukraine au Liban en passant par le Kirghizstan, l'iconographie de la révolution est toujours la même. En effet, bon nombre des agents chargés du changement de régime sous Ronald Reagan et George Bush père ont volontiers exercé leur métier dans l'ancien bloc soviétique sous Bill Clinton et George Bush fils. Par exemple, le général Manuel Noriega rapporte dans ses mémoires que les deux agents de la CIA et du Département d'État qui ont été envoyés pour négocier puis organiser sa chute du pouvoir au Panama en 1989 étaient William Walker et Michael Kozak.

Walker a refait surface au Kosovo en janvier 1999 lorsque, en tant que chef de la Mission de vérification au Kosovo, il a supervisé la création artificielle d'une atrocité fictive, qui s'est avérée être le *casus belli* de la guerre du Kosovo, tandis que Michael Kozak devenait ambassadeur des États-Unis en Biélorussie, où il a monté en 2001 l'opération "Cigogne blanche" destinée à renverser le président en exercice, Alexandre Loukachenko. Au cours d'un échange de lettres avec *The Guardian* en 2001, Kozak a effrontément admis qu'il faisait en Biélorussie exactement ce qu'il avait fait au Nicaragua et au Panama, à savoir "promouvoir la démocratie". La technique moderne d'un coup d'État comporte essentiellement trois volets. Ce sont :

> ➤ Les organisations non gouvernementales

> ➤ Le contrôle des médias

> ➤ Les agents secrets

Leurs activités étant effectivement interchangeables, je ne les traiterai pas séparément.

Serbie 2000 — "Le pouvoir du peuple"

Le renversement de Slobodan Milosevic n'était évidemment pas la première fois que l'Occident utilisait une influence secrète pour provoquer un "changement de régime". Le renversement de Sali Berisha en Albanie en 1997 et celui de Vladimir Meciar en Slovaquie en 1998 ont été fortement influencés par l'Occident et, dans le cas de Berisha, un soulèvement extrêmement violent a été présenté comme un exemple spontané et bienvenu du pouvoir du peuple. Il s'agissait d'un exemple classique de la manière dont la communauté internationale, et en particulier l'Organisation pour la sécurité et la coopération en Europe (OSCE), a truqué les résultats de l'observation des élections afin d'assurer un changement politique. Cependant, le renversement de Slobodan Milosevic à Belgrade le 5 octobre 2000 est important parce qu'il s'agit d'une figure très connue et parce que la "révolution" qui l'a renversé a impliqué une démonstration très ostentatoire du prétendu "pouvoir du peuple".

Le contexte du coup d'État contre Milosevic a été brillamment décrit par la chaîne britannique Sky TV. Ce compte rendu est précieux parce qu'il fait l'éloge des événements décrits ; il est également intéressant parce qu'il se targue de contacts étendus avec les services secrets, notamment ceux de Grande-Bretagne et d'Amérique. Voici une partie de l'émission :

À chaque fois, le journaliste semble savoir qui sont les principaux acteurs du renseignement. Son récit est truffé de références à "un officier du MI6 à Pristina", à "des sources des services de renseignements militaires yougoslaves", à "un homme de la CIA qui aidait à organiser le coup d'État", à un "officier des services de renseignements navals américains", etc. Le journaliste cite des rapports de surveillance secrets de la police secrète serbe ; il sait qui est l'officier du ministère de la Défense à Londres qui élabore la stratégie pour se débarrasser de Milosevic ; il sait que le bureau du ministre britannique des Affaires étrangères à Pristina est en train d'élaborer une stratégie pour se débarrasser de Milosevic.

Il sait qui sont les officiers des services de renseignement russes qui accompagnent Evgueni Primakov, le Premier ministre russe, à Belgrade pendant les bombardements de l'OTAN ; il sait quelles pièces sont sur écoute à l'ambassade britannique et où se trouvent les espions yougoslaves qui écoutent les conversations des diplomates ; il sait qu'un membre du personnel de la commission des relations internationales de la Chambre des représentants des États-Unis est, en fait, un officier des services de renseignement de la marine américaine. Il décrit comment la CIA a physiquement escorté la délégation de l'Armée de libération du Kosovo (ALK) du Kosovo à Paris pour les pourparlers d'avant-guerre à Rambouillet, où l'OTAN a lancé à la Yougoslavie un ultimatum qu'elle savait ne pouvoir que rejeter ; et il fait référence à "un journaliste britannique" faisant office d'intermédiaire entre Londres et Belgrade pour des négociations secrètes de haut niveau d'une importance capitale, alors que les gens cherchaient à se trahir mutuellement au fur et à mesure que le pouvoir de Milosevic s'effondrait.

L'un des thèmes qui traversent involontairement le reportage est celui de la frontière ténue qui sépare les journalistes des barbouzes. Dès le début, il évoque avec désinvolture "les liens inévitables entre officiers, journalistes et politiciens", affirmant que les personnes appartenant à ces trois catégories "travaillent dans le même domaine".

Le journaliste poursuit en plaisantant en affirmant que "c'est une combinaison de "barbouzes", de "journalistes" et de "politicards" ajoutée au "peuple" qui a provoqué le renversement de Slobodan Milosevic". Il tombe en s'accrochant au mythe selon lequel "le peuple" était impliqué, mais le reste de son rapport montre qu'en fait le renversement du président yougoslave n'a eu lieu qu'en raison de stratégies politiques délibérément conçues à Londres et à Washington pour se débarrasser de lui." En bref, cela n'avait rien à voir avec le "pouvoir du peuple".

Surtout, le journaliste indique clairement qu'en 1998, le département d'État américain et les agences de renseignement ont décidé d'utiliser l'Armée de libération du Kosovo pour se débarrasser de Slobodan Milosevic. Il cite une source disant : "L'agenda américain était clair. Au moment opportun, ils allaient utiliser l'UCK pour apporter une solution au problème politique" — le "problème" étant la survie politique de Milosevic. Cela signifiait soutenir le sécessionnisme terroriste de l'UCK et, plus tard, mener une guerre contre la Yougoslavie à ses côtés. Le journaliste cite Mark Kirk, un officier de renseignement de la marine américaine, qui a déclaré : "Finalement, nous avons lancé une vaste opération contre Milosevic, à la fois secrète et ouverte."

La partie secrète de l'opération consistait non seulement à bourrer les différentes missions d'observation envoyées au Kosovo d'officiers des services de renseignement britanniques et américains, mais aussi — et c'est crucial — à apporter un soutien militaire, technique, financier, logistique et politique à l'UCK qui, comme il l'admet lui-même, "faisait de la contrebande de drogue, organisait des rackets de prostitution et assassinait des civils". En bref, l'UCK était un groupe de voyous et de tueurs.

La stratégie a commencé à la fin de 1998, lorsque "une énorme mission de la CIA (s'est) mise en route au Kosovo". Le président Milosevic avait autorisé la mission d'observation diplomatique à entrer au Kosovo pour surveiller la situation dans la province. Ce fut une erreur fatale.

Ce groupe ad hoc s'est immédiatement étoffé d'agents des services de renseignements britanniques et américains et de forces spéciales — des hommes de la CIA, des services de renseignement de la marine américaine, des SAS britanniques et de ce que l'on appelle le "14ème régiment", un organe de l'armée britannique qui opère aux côtés des SAS pour assurer ce que l'on appelle la "surveillance approfondie".

L'objectif immédiat de cette opération était la "préparation du champ de bataille par les services de renseignement" — une version moderne de ce que faisait le duc de Wellington, qui parcourait le champ de bataille pour se faire une idée du terrain avant d'engager le combat contre l'ennemi. Blücher pensait que c'était une perte de temps, mais on lui a prouvé qu'il avait tort. Donc, comme il le dit : Officiellement, la KDOM était dirigée par l'Organisation pour la sécurité et la coopération en Europe… officieusement, c'est la CIA qui la dirigeait…. L'organisation en était remplie… C'était une façade de la CIA.

Les Américains doivent se poser beaucoup de questions à ce sujet. L'opération secrète a-t-elle été approuvée par le Congrès et si oui, sur quelles bases ? Si elle a été approuvée, elle était en contradiction avec la Constitution des États-Unis et n'aurait jamais dû être financée.

Nombre de ces officiers travaillaient en fait pour une autre façade de la CIA, DynCorp, une société basée en Virginie qui emploie principalement "des membres d'unités d'élite de l'armée américaine ou de la CIA". Ils ont utilisé la KDOM, qui est devenue plus tard la Mission de vérification au Kosovo, à des fins d'espionnage. Au lieu d'effectuer les tâches de surveillance qui leur étaient assignées, les officiers partaient utiliser leurs appareils de positionnement global pour localiser et identifier des cibles, qui seraient ensuite bombardées par l'OTAN. Il est difficile de comprendre comment les Yougoslaves ont pu laisser 2000 agents des services secrets hautement qualifiés se balader sur leur territoire, d'autant plus que Milosevic savait parfaitement ce qui se passait. (Fin de citation)

Le chef de la Mission de vérification au Kosovo (MVK) était William Walker, l'homme envoyé pour chasser Manuel Noriega du pouvoir au Panama et un ancien ambassadeur au Salvador dont le gouvernement soutenu par les États-Unis dirigeait des escadrons de la mort. Walker a "découvert" le "massacre" de Račak en janvier 1999, événement qui a servi de prétexte au lancement du processus, ce qui a conduit le ministre allemand des Affaires étrangères Joschka Fisher à appeler "Račak le tournant". Aucune de ces personnes n'avait beaucoup de crédibilité à l'époque et encore moins aujourd'hui lorsque leurs actions sont mises en balance avec ce qui s'est passé depuis.

Comme pour souligner l'importance du récit de Walker, les juges du tribunal de La Haye lui ont accordé près de deux jours pour témoigner. Son "témoignage" *devait* être le point fort du rôle présumé de Milosevic dans le prétendu massacre de Račak, qui a ouvert la voie au bombardement de la Yougoslavie par l'OTAN. En revanche, lorsque Milosevic a demandé combien de temps il devait interroger le témoin, le juge May lui a répondu : *"Trois heures, pas plus : si vous vous abstenez de discuter avec le témoin, si vous vous abstenez de répéter la question, si vous posez des questions courtes, vous pourrez obtenir plus de résultats."* Malgré cet affreux étalage de partialité évidente de la part de May, qui, en toute autre circonstance, l'aurait fait renvoyer du banc, les choses ne se sont pas passées tout à fait comme le procureur Carla del Ponte l'avait prévu.

William Walker était le chef de la Mission de vérification du Kosovo (MVK), mise en place sous le contrôle de l'OSCE après un accord entre Milosevic et l'envoyé américain Richard Hollbrooke le 13 octobre 1998. Avant sa comparution à La Haye, deux des inspecteurs en désarmement de Walker avaient témoigné des événements survenus au Kosovo avant le bombardement de l'OTAN — son adjoint, le général Karol Drewienkiewicz, et le colonel Richard Ciaglinski. Ils ont également témoigné du massacre présumé de Račak. Quel était le dossier contre Milosevic ?

Le 15 janvier 1999, des membres de la police et de l'armée serbes, accompagnés d'inspecteurs de la MVK et des médias, ont monté une opération contre des hommes armés de l'Armée de libération du Kosovo (ALK), qu'ils pensaient se cacher à Račak après avoir tendu une embuscade et tué trois policiers. L'armée a envoyé des véhicules blindés de transport de troupes et de l'artillerie à Račak, Petroovo, Malopoljce et Renaja. Deux jours plus tard, après d'intenses combats entre les forces yougoslaves et l'UCK, Drewienkiewicz et Walker ont visité la région. Drewienkiewicz a expliqué comment en chemin : *"Walker m'a fait comprendre que je devais adopter une attitude extrêmement intransigeante dans cette affaire".* À leur arrivée, l'UCK les a emmenés dans un ravin qui contenait 45 cadavres. Aucun représentant du gouvernement serbe n'était présent lors de cet "examen".

Une fois les corps découverts, Drewienkiewicz a déclaré à la cour que *"l'assistant de Walker s'est précipité au sommet d'une colline pour téléphoner à l'OTAN."* Lors d'une conférence de presse le soir même, Walker a annoncé qu'il y avait eu un massacre (sans mentionner la mort des trois policiers). Peu avant l'annonce, Drewienkiewicz dit avoir entendu Walker dire au téléphone à Richard Hollbrooke : *"Dick, tu peux dire adieu à ton prix Nobel de la paix."* M. Drewienkiewicz a ajouté : *"J'ai été surpris à l'époque qu'il soit aussi précis que de parler de l'événement comme d'un massacre. Cependant, je suis d'accord avec ce qu'il a dit".*

Walker a admis que Drewienkiewicz l'avait informé 14 heures auparavant — la nuit du 15 janvier — de combats dans la région entre l'UCK et l'armée et que trois policiers avaient été tués dans les environs trois ou quatre jours auparavant. Il a également eu connaissance, le 15 janvier, de rapports de la police selon lesquels 15 miliciens de l'UCK avaient été tués à Račak, mais lors de la conférence de presse, il a déclaré ne pas y croire. Le film le montre également marchant parmi des cadavres en uniforme de l'UCK.

Walker a tenu sa conférence de presse le 16 janvier sans mentionner le policier mort ou l'UCK et en disant que les corps étaient tous des civils. Son communiqué de presse était, a-t-il dit, "totalement de ma création". (Page 6805)

Walker a admis qu'il n'était "pas un enquêteur de scène de crime" (page 6801) et quand l'un d'eux est arrivé — la juge Danica Marinkovi — le 17 janvier, il a refusé de la rencontrer. Au cours de son témoignage, il a déclaré n'avoir aucun souvenir de Hollbrooke ou du commandant de l'OTAN, le général Wesley Clark, lui ayant parlé — *"Aucun souvenir de moi-même parlant à certaines des personnes qui ont dit plus tard qu'elles m'avaient parlé."*

Cependant, Wesley Clark se souvient avoir parlé à Walker. Dans son livre, Clark décrit un appel téléphonique de Walker le

16 janvier : *"Wes, nous avons des problèmes ici"*, a-t-il commencé.

"Je sais reconnaître un massacre quand j'en vois un. J'en ai déjà vu, quand j'étais en Amérique centrale. Et je vois un massacre maintenant... Il y en a quarante dans un fossé, peut-être plus. Ce ne sont pas des combattants, ce sont des fermiers, on le voit à leurs mains et à leurs vêtements. Et ils ont été abattus à bout portant."

Le récit de Walker a été contesté par les conclusions d'une équipe médico-légale finlandaise appelée à enquêter sur l'incident. L'équipe a tout d'abord critiqué le fait que, dans la hâte de décrire l'incident de Račak comme un massacre, les procédures de base de la scène de crime n'avaient pas été mises en œuvre. Trois jours après l'événement, l'équipe médico-légale finlandaise a signalé qu'à aucun moment la scène de l'incident n'avait été isolée pour empêcher tout accès non autorisé. Le rapport indiquait :

Sécurité et Coopération en Europe (OSCE) et de l'Union européenne ou de la presse.

D'autres résultats montrent qu'une seule victime décédée était une femme. Une victime était âgée de moins de 15 ans. Six avaient subi des blessures par balle. La plupart des 44 étaient couvertes de blessures multiples provenant de différents angles et élévations, caractéristiques d'une fusillade plutôt que d'une exécution à bout portant. Un seul avait été abattu à bout portant et aucun signe de mutilation post-mortem n'a été constaté. L'équipe n'a pas pu confirmer que les victimes étaient originaires de Račak.

Comparez l'attitude de Walker envers Račak avec son attitude face au meurtre de six prêtres jésuites au Salvador ou au meurtre d'adolescents à Pec par l'UCK. Au Salvador, Walker a tenté d'imputer le meurtre des jésuites à des guérilleros déguisés en soldats. Il a déclaré au TPIY :

"A posteriori, j'ai fait une déclaration inexacte".

Lorsqu'on a accusé l'UCK d'avoir tué des adolescents serbes à Pec, il a déclaré :

"Quand on ne sait pas ce qui s'est passé, il est beaucoup plus difficile de se prononcer… À ce jour, nous ne savons pas qui a commis cet acte".

Il n'a pas fait preuve de la même prudence à l'égard de Račak.

Lorsque Milosevic a tenté d'évoquer les événements du Salvador, le juge May est intervenu en disant : *"Votre tentative de discréditer ce témoin avec des événements si anciens que la Chambre de première instance les a jugés non pertinents."* Et plus tard : *"C'est une question absurde, absolument absurde. Maintenant vous faites perdre du temps à tout le monde."* Les jurés peuvent tirer leurs propres conclusions de l'attitude de Mays pour savoir s'il était apte ou non à juger les questions en jeu.

Milosevic a attiré l'attention sur le fait que Walker se trouvait au même aéroport, Illopango, avec le lieutenant-colonel Oliver North qui fournissait des armes aux Contras, alors que Walker était censé leur apporter une aide humanitaire. Walker a expliqué cela en disant

"À mon insu, à l'insu du département d'État, à l'insu du monde entier, un colonel Oliver North au Conseil national de sécurité faisait des choses qui ont finalement été jugées illégales par le juge Walsh et sa commission."

Milosevic a continué à essayer de discréditer le récit de Walker et son interprétation des événements de Račak.

Il a demandé à Walker :

Puisque nous parlons de Račak, dans votre déclaration, vous dites ceci : "En regardant ces corps, j'ai remarqué plusieurs choses. Tout d'abord, à en juger par les blessures et le sang autour d'elles, ainsi que par les flaques de sang séché sur le sol autour des corps, il était évident qu'il s'agissait des vêtements que les personnes portaient lorsqu'elles ont été tuées. Il n'y avait aucun doute dans mon esprit qu'ils étaient morts là où ils étaient couchés. La quantité et l'emplacement du sang sur le sol devant eux, chacun d'entre eux en étaient une indication claire".

Milosevic a demandé qu'une série de photos des corps soit montrée dans le bon ordre et a demandé :

Où se trouve ce sang près des corps ou des corps individuels ? Où avez-vous vu des traces de sang ?

C'est ainsi qu'a débuté l'échange suivant :

Walker: *"Sur cette photo ?"...*

Milosevic : *"Y a-t-il des traces de sang ici, quelque part ?"*

Walker: *"Je suppose que c'est du sang."*

Milosevic : *"Vous parlez de mares de sang sur le sol, et sur le sol il n'y a pas de sang du tout".*

Walker: *"Pas sur cette photo."*

Milosevic : *"Pas sur la photo précédente non plus. Y a-t-il du sang, des traces de sang, des flaques de sang ici sur le sol également ?"*

Walker: *"Pas sur cette photo."*

Milosevic : *"Même pas ici, il n'y a aucune trace de sang sur le sol, et nous voyons qu'il y a des pierres tout autour".*

Certaines des photographies utilisées lors du procès proviennent de l'un des observateurs de Walker dans la MVK, un inspecteur de la police métropolitaine de Londres, Ian Robert Hendrie, qui avait récemment témoigné au procès de son voyage sur le "site du massacre".

Lorsque Milosevic lui a demandé s'il avait visité le site accompagné ou seul, Hendrie a répondu que quelqu'un lui avait fait visiter les lieux. On lui a demandé qui et il a répondu : "Je *ne sais pas"*. Hendrie n'a pas pu expliquer pourquoi ses photographies ne montraient que des taches de sang et non des mares. Dans son précédent témoignage, le médecin légiste en chef du TPIY, Eric Baccard, a admis que la raideur et la position des cadavres étaient inhabituelles et qu'il était possible qu'ils aient été déplacés. En ce qui concerne les blessures par balle, il a déclaré qu'il était impossible de dire si elles étaient dues à "un accident, un homicide ou un conflit armé".

Lors d'un incident, Milosevic a demandé à Walker s'il connaissait un historien canadien, Roly Keith, qui avait travaillé pour l'OTAN pendant 30 ans et qui était chef du MVK à Kosovo Polje. Walker a répondu par la négative et a donc admis qu'il ne se souvenait pas de son propre chef de la MVK au Kosovo.

La raison de la mémoire sélective de Walker est apparue lorsque Milosevic a produit une citation de Keith qui contredisait le témoignage de Walker sur la situation au Kosovo. Keith a dit :

> "Je peux témoigner du fait qu'en février et mars, il n'y a pas eu de génocide. En ce qui concerne le nettoyage ethnique, je n'étais pas présent et je n'ai pas vu d'événements qui pourraient être qualifiés de nettoyage ethnique. En ce qui concerne ma réponse précédente, je tiens à préciser que j'ai été témoin d'une série d'incidents, et que la plupart d'entre eux ont été causés par l'UCK, pour lesquels les forces de sécurité, aidées par l'armée, ont réagi."

Chapitre 4

Un tribunal partial

Les silences et les évasions de Walker sur les activités de l'UCK ont de nouveau été mis en évidence lorsque Milosevic lui a demandé s'il avait lu l'article du *Sunday Times* du 12 mars 2000 intitulé "La CIA a aidé l'armée de guérilla du Kosovo". Walker a répondu par la négative. L'article expliquait comment des agents de renseignements américains avaient aidé à former l'UCK avant le bombardement de la Yougoslavie par l'OTAN. La CIA a surveillé le cessez-le-feu au Kosovo en 1998 et 1999, tout en donnant à l'UCK des manuels d'entraînement et des conseils sur le terrain.

L'article remet également en question le rôle de Walker dans la préparation de la voie aux frappes aériennes de l'OTAN. "L'agenda américain consistait en leurs observateurs diplomatiques, alias la CIA, opérant dans des conditions complètement différentes du reste de l'Europe et de l'OSCE, a déclaré un envoyé européen." Si Walker a rejeté les affirmations selon lesquelles il souhaitait des frappes aériennes, il a admis que la CIA était impliquée dans le compte à rebours. Walker a déclaré :

> "Du jour au lendemain, nous sommes passés d'une poignée de personnes à 130 ou plus. L'agence aurait-elle pu les faire entrer à ce moment-là ? Bien sûr qu'elle aurait pu. C'est leur travail. Mais personne ne me l'a dit."

Bien qu'il n'existe aucune preuve que Walker était un agent de la CIA, son rôle n'était à bien des égards pas différent du mode de fonctionnement de la CIA. L'article poursuit en disant que selon d'anciennes sources de la CIA, les observateurs diplomatiques étaient "une façade de la CIA, recueillant des renseignements sur les armes et les dirigeants de l'UCK." Un agent a déclaré : "Je leur disais quelle colline éviter, quel bois passer derrière, ce genre de choses". Klorin Krasniqi, un constructeur new-yorkais et l'un des dirigeants de l'UÇK, a déclaré :

> "C'était juste la diaspora albanaise qui aidait ses frères."

L'article décrit comment l'UCK a contourné une faille qui permettait d'exporter des fusils de sniper vers des clubs de chasse. Agim Ceku, un commandant de l'UÇK, avait établi de nombreux contacts durant les dernières phases de la guerre grâce à son travail dans l'armée croate. Il a déclaré que l'armée croate avait reçu l'aide d'une société américaine appelée Military Professional Resources Inc. dont le personnel se trouvait au Kosovo à l'époque. Le témoignage de Walker a été une nouvelle débâcle pour le tribunal de La Haye. Beaucoup trop d'informations ont été divulguées quant à la véritable série d'événements qui ont conduit au bombardement de la Serbie en 1999. La question de savoir s'il y a eu un massacre à Račak devra faire l'objet d'une étude plus approfondie, bien que suffisamment de preuves aient été apportées pour que tout observateur objectif penche du côté de la prudence. Ce qui est certain, c'est que Walker a joué un rôle central en fournissant à l'OTAN une justification pour le bombardement de la Yougoslavie.

Comme l'a écrit un jour Jacob de Haas, le biographe du juge Brandeis, juge à la Cour suprême des États-Unis :

> "Les négociations gouvernementales pour des transactions de cette nature sont toutefois toujours secrètes et il est généralement très difficile d'obtenir des preuves concluantes au moment de la transaction. Lorsque l'événement est irréparable et se perd dans les brumes du passé, les hommes sont enclins à écrire leurs mémoires et à se vanter d'exploits secrets qui ont jadis fait trembler le monde."

Nous savons qu'en dépit des dés pipés contre lui par May et Carla del Ponte, Milosevic a présenté une défense si énergique que, de l'avis de nombreux observateurs, le tribunal a donné l'impression d'être partial et défavorable à son égard, ne lui laissant que peu de chances de réfuter les allégations portées contre lui. Puis, très mystérieusement, dans des circonstances qui semblent hautement suspectes, Milosevic a été retrouvé mort dans sa cellule, soi-disant de causes naturelles.

Mais de sérieux doutes sur la cause de sa mort ont été émis par son médecin et sa famille. Malgré les protestations vigoureuses de sa famille, le verdict de mort de causes naturelles a été maintenu.

Kozak et Walker encouragent les révolutions

Ce qui ressort du renversement des gouvernements élus du Panama en 1989, de la Serbie en 2000, de la Biélorussie en 2001, du Venezuela en 2003, de la Géorgie en 2003, de l'Ukraine en 2004, du Kirghizistan en 2005 et du Liban en 2007 (en cours), le lien de connexion est toujours l'affirmation par les États-Unis que le principe sous-jacent est la "propagation de la démocratie". J'ai fait une étude de toutes les "révolutions" susmentionnées et les résultats ont été publiés dans ma série de monographies, en commençant par la cession illégale du canal américain à Panama et le renversement du général Manuel Noriega.

Les principales tactiques perfectionnées au Panama ont été mises en pratique en Amérique latine au cours des années 1970 et 1980 sous les présidences de Reagan et de George Herbert Walker Bush. Il importait peu que ces deux présidents américains se prétendent "conservateurs". Bien que ce ne soit pas sous la bannière de la "diffusion de la démocratie" — qui a ensuite été modifiée en "changement de régime" — j'y fais référence ici pour montrer que la collusion entre la Grande-Bretagne et les États-Unis fait partie intégrante des plans visant à faire progresser le Nouvel Ordre Mondial. L'attaque britannique des îles Malouines, provoquée et dirigée par Thatcher, a été rendue possible en grande partie par Reagan, qui a violé la doctrine Monroe et aidé matériellement la force d'invasion britannique, là encore en totale violation de la Constitution américaine.

Pour qu'un tel sabotage stratégique de l'infrastructure civile d'un régime politique réussisse, il doit y avoir un noyau de personnes formées sur le terrain pour exécuter le plan, et ce qui est apparu, c'est que bon nombre des agents du changement de régime sous Ronald Reagan et George Bush l'aîné, qu'ils soient de la CIA, du département d'État ou des représentants des médias, avaient tous acquis de l'expérience à l'époque de l'ancien bloc soviétique sous les présidences de Clinton et George W. Bush. Le général Manuel Noriega le confirme dans ses mémoires en affirmant que les deux agents de la CIA et du département d'État qui ont été envoyés au Panama pour provoquer sa chute du pouvoir en 1989 étaient William Walker et Michael Kozak. Nous avons déjà rencontré William Walker au Honduras et au Salvador, et plus récemment au Kosovo, en janvier 1999, lorsque Clinton l'a nommé à la tête de la mission de vérification du Kosovo.

Kozak a été nommé ambassadeur des États-Unis en Biélorussie et a utilisé l'enceinte de l'ambassade comme base, en dépit de toutes les règles diplomatiques, pour fomenter en 2001 l'*opération "Cigogne blanche"* visant à renverser le président en exercice, Alexandre Loukachenko. Il s'agissait d'un écho de l'opération montée contre le Dr Henrik Verwoerd de la République d'Afrique du Sud, où le renversement a été géré par l'ambassade des États-Unis à Pretoria, d'où toute l'aide, le confort et les énormes largesses financières ont été accordés au Congrès national africain (ANC) communiste sous le couvert d'apporter la "démocratie" en Afrique du Sud. Le slogan "Un homme, un vote" était probablement l'œuvre de l'Institut Tavistock. Kozak en a fait une conspiration ouverte lorsqu'il a écrit au *Guardian* en 2001, admettant que ce qu'il faisait en Biélorussie était exactement ce qu'il avait fait au Nicaragua et au Panama, à savoir "promouvoir la démocratie." Cet euphémisme a été utilisé pour couvrir un coup d'État contre des pays n'ayant pas le sceau d'approbation du Nouvel Ordre Mondial.

Jeremy Bentham, l'un des instigateurs et des planificateurs de la Révolution française (un exemple précoce de "l'introduction de la démocratie" en France), a été l'un des premiers à faire du renversement du gouvernement élu de la France un "mouvement populaire".

Parmi les autres éléments essentiels à la réussite d'un coup d'État figurent des slogans habiles, des organismes, sociétés et organisations non gouvernementales ("Liberté, égalité, fraternité") ("Un homme, un vote"), des agents secrets sur le terrain et le contrôle de la publicité par les médias.

Les opérations au Panama, en Amérique latine et dans les pays de l'ancien bloc soviétique dépassaient le cadre des entreprises de conspiration du Nouvel Ordre Mondial. Comme nous l'avons vu au Panama, en Biélorussie et en Serbie, elles ont même été annoncées comme telles. Dans le cas de la Serbie, les médias ont diffusé à grande échelle que la "révolution" était une manifestation du "pouvoir du peuple". Cette affirmation a été reprise à maintes reprises lors de la "révolution orange" en Ukraine. La Serbie a bénéficié de la gestion et de la coopération de pays soi-disant "neutres", en particulier la Suède.

On se souvient que la Suède avait joué un rôle massif dans le retour en Russie de Lénine et de Trotsky et dans le financement de la révolution bolchevique, qui était l'une des premières révolutions supposées émaner du "pouvoir du peuple". Il s'agissait, comme dans le cas de l'ANC en Afrique du Sud, de donner des sommes d'argent considérables, ainsi qu'un soutien technique, logistique et stratégique, y compris des armes, à divers groupes d'"opposition démocratique" et à des "organisations non gouvernementales." Dans l'opération en Serbie, Walker et ses associés ont travaillé principalement par l'intermédiaire de l'International Republican Institute, censé être une organisation privée non gouvernementale de Washington DC, qui avait ouvert des bureaux dans la Hongrie voisine.

L'argent et toutes les autres nécessités ont été introduits en Serbie par le biais de valises diplomatiques (une grave violation du protocole diplomatique). Le simulacre de neutralité, comme dans le cas de la Suède, qui n'est qu'un exemple parmi d'autres que je cite, a été maintenu en ne participant pas à la guerre illégale et criminelle de l'OTAN contre la Serbie, ce qui lui a permis de maintenir une ambassade complète à Belgrade au motif fallacieux qu'elle était neutre.

Je pense que la participation de l'OTAN à la guerre contre la Serbie a violé les conventions suivantes et qu'elle est donc, en vertu de l'une ou de toutes ces conventions, coupable de crimes de guerre :

➢ Les protocoles de Nuremberg

➢ Les quatre Conventions de Genève

➢ La Charte des Nations Unies

➢ La Convention de l'Union européenne

➢ Les règles de La Haye régissant les bombardements aériens

La Serbie est le seul pays européen à avoir été bombardé depuis la fin de la Seconde Guerre mondiale ; des centaines de tonnes de bombes ont été larguées sur des cibles essentiellement civiles. À ce jour, les auteurs de ce crime de guerre, à savoir le président Clinton, le général Wesley Clark, Madeline Albright, les généraux de l'OTAN, le président du conseil de l'Union européenne et le secrétaire général des Nations unies, n'ont pas encore été inculpés de crimes de guerre. Dans le cas des Américains, en outre, ils ont grossièrement violé la Constitution des États-Unis dans cinq de ses dispositions (la loi suprême du pays) et, en vertu des dispositions de la Constitution des États-Unis, ils auraient dû être démis de leurs fonctions, mis en accusation et jugés pour trahison. L'achat de médias est l'un des principaux ingrédients nécessaires à la réussite de tout coup d'État. Des médias prétendument "indépendants", comme la station de radio B92, ont été largement financés par des organisations américaines contrôlées et financées par George Soros, qui a ensuite joué un rôle crucial en Ukraine et en Géorgie. Les soi-disant "démocrates", constamment dépeints comme tels par les chacals américains et britanniques de la presse, étaient des agents étrangers, comme Milosevic l'avait justement déclaré. Le coup d'État politique qui a vaincu Milosevic a commencé immédiatement après le premier tour des élections présidentielles. Ce qui était présenté sur les écrans de télévision occidentaux comme "un soulèvement spontané du peuple" consistait en un groupe de criminels extrêmement violents et de voyous armés soigneusement sélectionnés, sous le commandement de Velimir Ilic, maire de la ville de Cacak.

Le convoi de 40 km de long qui se dirigeait vers le bâtiment du Parlement fédéral à Belgrade n'était pas composé de citoyens en quête de démocratie, mais de voyous, de chahuteurs, d'unités paramilitaires de la "Pora noire" et d'une équipe de kick-boxers. Le fait est que le 5 octobre 2000, un coup d'État virtuel a été soigneusement dissimulé sous la fausse façade d'une révolution du pouvoir populaire, et présenté au monde comme tel par les chiens de garde des médias.

Le pays suivant à ressentir le souffle humide de la "démocratie populaire" a été la Géorgie. Les compétences acquises et perfectionnées au Panama, au Honduras, au Guatemala et en Serbie, désormais des tactiques de coup d'État standard, ont été mises en œuvre en Géorgie en novembre 2003 pour renverser le président Edward Chevardnadze. Les mêmes allégations fausses ou déformées ont été faites et répétées à l'infini selon la méthode de répétition du "gros mensonge" mise au point par Joseph Goebbels. Les médias américains, très complices, sans jamais prendre la peine de vérifier les faits, publient des allégations selon lesquelles le scrutin a été truqué, alors que, étonnamment, ces allégations ont été faites bien avant le scrutin lui-même. Une guerre des mots a été lancée contre Chevardnadze après avoir été longtemps idolâtré comme un grand réformateur et un démocrate. Comme dans le cas de Belgrade, les événements sont déclenchés après une "prise d'assaut du parlement", retransmise consciencieusement en direct à la télévision.

Les deux transferts de pouvoir ont été négociés par le ministre russe, Igor Ivanov, qui s'est rendu à Belgrade et à Tbilissi pour organiser le départ du président en exercice. Le rôle d'Ivanov semble avoir été celui de Judas (d'autant plus qu'il était bien connu de Chevardnadze et de Milosevic de Serbie). Peut-être s'agissait-il d'un vieux compte à régler avec Chevardnadze ? Un autre dénominateur commun entre Belgrade et Tbilissi était l'ambassadeur américain Richard Miles.

Des opérations civiles sournoises soutenues par d'énormes sommes d'argent en dollars américains ont joué un rôle clé en Géorgie, comme cela avait été le cas en Serbie. Dans les deux cas, il a été impossible d'obtenir des détails avant que ces informations vitales ne soient publiées longtemps après les événements — elles n'ont donc été d'aucune utilité pour contrecarrer l'énorme propagande anti-Chevardnadze sur le "pouvoir du peuple" qui se manifeste dans l'opposition à Chevardnadze. Comme il est d'usage dans de tels cas, les chacals des médias ont pris soin d'omettre de la presse écrite et de la couverture télévisée chaque incident, chaque bribe d'information qui soutenait Chevardnadze. Dans le cas de l'Ukraine, nous observons la même combinaison de travail par les organisations non gouvernementales soutenues par l'Occident, les médias et les services secrets. Les organisations non gouvernementales (ONG) ont joué un rôle énorme dans la délégitimation des élections *avant même qu'elles n'aient lieu. Les* allégations de fraude généralisée ont été constamment répétées. En d'autres termes, les manifestations de rue qui ont éclaté après le second tour, remporté par Yanukovich, étaient fondées sur des allégations qui circulaient *déjà avant le début du premier tour.* La principale ONG à l'origine de ces allégations, le Comité des électeurs ukrainiens, n'a pas reçu un seul centime des électeurs ukrainiens, mais a été entièrement financée par les États-Unis. Le National Democratic Institute, l'un de ses principaux affiliés, a diffusé un flux constant de propagande contre Yanukovich.

Pendant les événements eux-mêmes, un observateur espagnol neutre a pu documenter certains des abus de la propagande. Il s'agissait principalement de la répétition sans fin de la fraude électorale présumée pratiquée par le gouvernement ; de la dissimulation constante de la fraude pratiquée par l'opposition ; de la vente frénétique de Viktor Iouchtchenko, l'un des hommes les plus ennuyeux du monde, aussi charismatique qu'une momie égyptienne et de l'histoire ridiculement improbable selon laquelle il aurait été délibérément empoisonné par ses ennemis. (Aucune arrestation et aucune inculpation n'ont jamais eu lieu dans cette affaire fantaisiste).

Un article intéressant de C.J. Chivers, publié dans le *New York Times*, indique que sous la surveillance d'éléments d'origine américaine, le KGB ukrainien travaillait pour Iouchtchenko depuis des mois avant que le soi-disant "soulèvement du peuple" n'ait lieu. Des détails sur la manière dont la doctrine militaire a été adaptée pour provoquer des changements politiques sont apparus (après coup) et que des "sondages d'opinion" trafiqués ont été utilisés. La méthodologie du lavage de cerveau et l'utilisation de la "condition directionnelle intérieure" étaient conformes à la méthodologie de l'Institut Tavistock des relations humaines.

Dans les récits précédents, nous avons vu la mise en œuvre de la "diplomatie par la tromperie"[3] du Nouvel Ordre Mondial dans sa phase de conspiration.

Une grande partie de ce que j'ai écrit a été, dans de nombreux cas, découvert au grand jour, ce qui montre que (du moins à mon avis) les contrôleurs du Nouvel Ordre Mondial ne se soucient plus de savoir si les gens découvrent leurs machinations ou non — c'est un fait de conspiration, une conspiration ouverte et c'est comme si les États-Unis étaient fiers du rôle de premier plan qu'ils jouent et ne se soucient pas de savoir qui le sait.

La révolution orange en Ukraine

L'Ukrainien Viktor Ianoukovitch, humilié lors de la "révolution orange" de 2004, était sur le point de célébrer son retour sur la scène politique en tant que Premier ministre après que son ennemi juré, le président Viktor Iouchtchenko, lui a apporté son soutien. Le pro-occidental Iouchtchenko, architecte de la révolution qui a renversé l'ordre ancien en Ukraine, a choisi à contrecœur la "cohabitation" avec le penchant moscovite de

---

[3] Cf. La diplomatie par le mensonge, un compte rendu de la traîtrise des gouvernements de l'Angleterre et des États-Unis, Omnia Veritas Ltd, www.omnia-veritas.com

Ianoukovitch aux premières heures pour mettre fin à quatre mois d'impasse politique.

Sa seule autre véritable alternative avait été de dissoudre le Parlement, de prolonger la crise et de risquer de nouvelles élections qui auraient pu le détruire politiquement. M. Iouchtchenko a déclaré qu'il avait décidé de proposer M. Ianoukovitch comme Premier ministre d'une coalition après avoir obtenu des garanties écrites qu'il n'essaierait pas d'annuler les réformes du marché et les politiques pro-occidentales. Aucun détail n'a été fourni sur les concessions faites par M. Ianoukovitch, qui est favorable à un rapprochement avec la Russie, alliée traditionnelle de l'ancien pays soviétique. Le Parlement devait approuver la nomination de M. Ianoukovitch au poste de Premier ministre plus tard, après que son parti, le Parti des régions, eut signé une déclaration de principes communs avec le parti "Notre Ukraine" de M. Iouchtchenko et d'autres partis de la coalition. L'accord a mis fin à quatre mois d'impasse politique au cours desquels l'Ukraine n'a eu qu'un gouvernement intérimaire. Outre les concessions arrachées à M. Ianoukovitch, on s'interrogeait sur la réaction de la base à l'encontre de M. Iouchtchenko, dans ses propres rangs "orange", pour avoir conclu un accord avec M. Ianoukovitch. La charismatique et radicale Ioulia Timochenko, un autre acteur important en Ukraine qui a été mis sur la touche dans le cadre de l'accord, n'avait pas encore montré sa main.

Son bloc politique a terminé en deuxième position lors des élections législatives de mars, que le parti Régions de M. Ianoukovitch a facilement remportées. Bien qu'elle ait pu retarder sa nomination de quelques heures, elle ne disposait pas d'assez de voix au Parlement pour la bloquer. Après des heures de discussions, jusque tard dans la nuit, pour tenter de trouver un accord de coalition, M. Iouchtchenko a déclaré dans une allocution télévisée : "J'ai *décidé de proposer Viktor Ianoukovitch au poste de Premier ministre de l'Ukraine.*" M. Iouchtchenko a renoncé à son autre option, très risquée, qui consistait à dissoudre le Parlement et à organiser de nouvelles élections, et a préféré opter pour une "cohabitation" potentiellement délicate avec M. Ianoukovitch. Le candidat pro-russe Viktor Ianoukovitch, le perdant du concours présidentiel de la "révolution orange" en 2004, est l'enfant du retour en Ukraine. Mis au ban par les commentateurs après la révolution, il a finalement obtenu la nomination au poste de Premier ministre après des semaines de négociations torturées. M. Ianoukovitch a refusé de sombrer dans l'oubli après avoir reconnu sa défaite à l'élection présidentielle de 2004 face à son grand rival Viktor Iouchtchenko, que des centaines de milliers de manifestants étaient venus soutenir lorsque le résultat avait d'abord tourné à l'avantage de M. Ianoukovitch.

M. Ianoukovitch a remporté la victoire lors de ce concours, mais lorsque les protestations massives de la "révolution orange", qui semblaient éclater spontanément dans de violentes manifestations de rue, la Cour suprême a annulé le scrutin en raison d'allégations de fraude massive qui n'avaient aucun fondement, et a ordonné la tenue d'une nouvelle élection, que M. Iouchtchenko a remportée comme prévu.

Abandonné par nombre de ses alliés, mis au rancart par l'élite politique, M. Ianoukovitch a fait quelque chose que personne n'attendait : il a commencé à jouer selon les règles de ses adversaires orange. Avec l'aide de consultants américains, il a adopté les tactiques utilisées par ses rivaux "orange" en 2004. Déployant des groupes de rock et de nombreux accessoires bleus et blancs pour sa campagne, il a traversé le sud-est du pays pour renforcer le soutien de la base. *"En 2004, il faisait campagne en tant que roi couronné"*, a déclaré un haut diplomate occidental à Kiev pendant sa campagne. *"Il fait maintenant campagne en tant que politicien affamé."*

Chapitre 5

Au-delà de la conspiration

L e Dr Howard Perlmutter, professeur d'"ingénierie sociale" à la Wharton School et disciple du Dr Emery (qui) a souligné que la "vidéo rock à Katmandou" était une image appropriée de la manière dont les États aux cultures traditionnelles pouvaient être déstabilisés, créant ainsi la possibilité d'une "civilisation mondiale".

Il y a deux conditions à remplir pour une telle transformation, a-t-il ajouté, "construire des réseaux d'organisations internationales et locales engagées au niveau international" et "créer des événements mondiaux" par "la transformation d'un événement local en un événement ayant des implications internationales quasi instantanées grâce aux médias de masse". Rien de tout cela ne relève d'une théorie de la conspiration — ce sont des faits révélateurs d'une conspiration.

Les États-Unis considèrent comme une politique officielle que la promotion de la démocratie est un élément important de leur stratégie globale de sécurité nationale. D'importantes sections du département d'État, de la CIA, d'agences para-gouvernementales comme la National Endowment for Democracy, et d'ONG financées par le gouvernement comme la Carnegie Endowment for International Peace, publient plusieurs ouvrages sur la "promotion de la démocratie."

Toutes ces opérations ont une chose en commun : elles impliquent l'ingérence, parfois violente, des puissances occidentales, en particulier des États-Unis, dans les processus politiques d'autres États et cette ingérence est très souvent utilisée pour promouvoir l'objectif révolutionnaire par excellence, à savoir le changement de régime. La phase actuelle du Nouvel Ordre Mondial a été appelée "une période au-delà de la conspiration" dans la mesure où les gestionnaires du Nouvel Ordre Mondial, sont tellement enhardis par leurs derniers succès qu'ils ne se soucient pas que leurs plans soient devenus assez transparents. L'une des façons les plus remarquables de déterminer une phase "au-delà de la conspiration" est la nouvelle politique consistant à créer des révolutions (en fait des coups d'État) au lieu de monter des invasions armées de pays ciblés. Apparemment, l'échec de la guerre au Vietnam, et l'invasion de l'Irak par l'armée américaine en 1991 et à nouveau en 2002 ont convaincu le Comité des 300 qu'un coup d'État est préférable à un conflit militaire sur le terrain. Cela n'exclut pas les bombardements aériens, mais il est également établi que les bombardements seuls ne suffiront pas à vaincre l'ordre existant des pays visés, à moins qu'ils ne soient de l'ampleur des bombardements massifs de l'Allemagne en 1944-1945. Les "révolutions" successives qui éclatent dans le monde entier doivent être considérées dans le contexte qui précède.

La nouvelle politique connue sous le nom de "au-delà de la conspiration" a été lancée pour de bon en novembre 2003, lorsque le président de la Géorgie, Edward Chevardnadze, a été renversé à la suite de manifestations, de marches et d'allégations selon lesquelles les élections parlementaires avaient été truquées, allégations qui ont été largement diffusées dans les médias occidentaux, même si aucune preuve crédible n'a jamais été produite pour étayer la fraude électorale.

Un an plus tard, en novembre 2004, la soi-disant "révolution orange" a été organisée en Ukraine avec les mêmes accusations de fraude électorale généralisée qui ont divisé le pays. L'Ukraine compte une importante population pro-russe et la fraude électorale n'aurait pas été nécessaire pour maintenir les liens historiques de l'Ukraine avec la Russie, mais les événements de 2004 — un coup d'État virtuel — ont mis le pays sur la voie de devenir un membre permanent de l'OTAN et de l'UE.

Les bailleurs de fonds officieux de la "révolution orange" et les chacals des médias occidentaux ont fait en sorte que la soi-disant "révolution populaire" soit un succès. Des allégations de fraude électorale ont été formulées avant même que le scrutin n'ait lieu, et ces allégations ont été répétées à l'envi, sous la houlette du Comité des électeurs ukrainiens, qui n'a pas été financé par les Ukrainiens, mais a reçu chaque dollar de son financement des États-Unis. Soros a-t-il joué un rôle dans cette affaire ?

Cela semble probable, même si ce n'est pas prouvé. Comme pour annoncer son origine, les murs des bureaux de la commission étaient recouverts de photographies de Madeleine Albright, l'instigatrice et l'auteur de la révolution qui a renversé le gouvernement légitime de Serbie, tandis que le National Democratic Institute attisait les flammes avec des flots de propagande explosive contre le candidat principal, le pro-russe Vanukovi.

Chapitre 6

Deux hommes curieux

L a survie du mythe de la révolution populaire spontanée est déprimante, car même un examen superficiel des faits trouvés dans des déclarations écrites et diverses publications montre qu'il s'agit plus que d'un mythe, en fait, d'un mensonge flagrant. Il y a quelques années, j'ai reçu une copie d'un récit de la vie de Curzio Malaparte, de son vrai nom Kurt Sucker, écrivain, journaliste et diplomate italien, né en Italie en 1898 et mort en 1957. J'ai étudié le récit, car il semblait que Mao Tse Tung avait coopté l'idée de "révolution populaire" de Malaparte.

Malaparte était un homme remarquable, doté d'une remarquable connaissance de l'Europe et de sa politique, issue d'une expérience de première main en tant que diplomate et correspondant du prestigieux journal de Rome *Corriere della Serra*. Il avait couvert le front oriental depuis l'Ukraine et ses reportages ont été publiés plus tard sous le nom de *Volga Nasce in Europa* (*La Volga se lève en Europe*).

Il était attaché aux forces d'invasion du général américain Mark Clark en Italie en tant qu'officier de liaison et a écrit un certain nombre d'excellents articles sur ses expériences avec l'armée américaine. Après la guerre, Malaparte a rejoint le parti communiste italien et s'est rendu en Chine après la création de la "République populaire de Chine". Après avoir lu l'histoire très intéressante de la vie de Malaparte, il semble bien que Mao ait pu "emprunter" à Malaparte. Il est certain que les organisations américaines à l'origine de la "révolution orange" se sont largement inspirées des idées de Malaparte, soutenues par l'argent illimité de Washington (là encore, George Soros est soupçonné d'être la source, mais pas prouvé) et la coopération plus que volontaire des médias occidentaux et de la CIA. Mais c'est probablement la *Technique du coup d'État* de Curzio Malaparte qui, la première, a donné une expression très célèbre à ces idées. Publié en 1931, ce livre présente le changement de régime comme une simple technique.

Malaparte s'inscrit explicitement en faux contre ceux qui pensent que le changement de régime se fait tout seul. En fait, il commence son livre en racontant une discussion entre diplomates à Varsovie durant l'été 1920 : La Pologne avait été envahie par l'Armée rouge de Trotsky (la Pologne ayant elle-même envahi l'Union soviétique, s'emparant de Kiev en avril 1920) et les bolcheviks étaient aux portes de Varsovie.

Le débat oppose le ministre britannique à Varsovie, Sir Horace Rumbold, et le nonce apostolique, Monseigneur Ambrogio Damiano Achille Ratti — l'homme qui sera élu pape sous le nom de Pie XI deux ans plus tard. L'Anglais a déclaré que la situation politique interne de la Pologne était si chaotique qu'une révolution était inévitable, et que le corps diplomatique devait donc fuir la capitale et se rendre à Posen (Poznan).

Né à Prato, en Toscane, d'une mère lombarde et d'un père allemand, il a fait ses études au Collegio Cicognini et à l'université La Sapienza de Rome. En 1918, il commence sa carrière de journaliste.

Malaparte participe à la Première Guerre mondiale, où il est nommé capitaine du cinquième régiment alpin et reçoit plusieurs décorations pour ses faits d'armes. En 1922, il prend part à la marche sur Rome de Benito Mussolini. En 1924, il fonde le périodique romain *La Conquista dello stato* ("La Conquête de l'État", titre qui inspirera *La Conquista del Estado* de Ramiro Ledesma Ramos). En tant que membre du Partito Nazionale Fascista, il a fondé plusieurs périodiques et a contribué à des essais et des articles pour d'autres, tout en écrivant de nombreux livres, à partir du début des années 1920 et en dirigeant deux journaux métropolitains.

En 1926, il fonde avec Massimo Bontempelli (1878-1960) le trimestriel littéraire 900. Plus tard, il devient coéditeur de *Fiera Letteraria* (1928-31) et rédacteur de *La Stampa* à Turin. Son roman de guerre confessionnel, *La rivolta dei santi* (1921), critique la Rome corrompue comme étant le véritable ennemi. Dans *Tecnica del colpo di Stato* (1931), Malaparte attaque à la fois Adolf Hitler et Mussolini. Cela lui vaut d'être déchu de sa qualité de membre du Parti national fasciste et d'être envoyé en exil intérieur de 1933 à 1938 sur l'île de Lipari.

Il est libéré grâce à l'intervention personnelle du gendre et héritier présomptif de Mussolini, Galeazzo Ciano. Le régime de Mussolini arrête à nouveau Malaparte en 1938, 1939, 1941 et 1943 et l'emprisonne dans la tristement célèbre prison de Rome, Regina Coeli. Peu après son séjour en prison, il publie des recueils de nouvelles autobiographiques réalistes et magiques, qui aboutissent à la prose stylisée *de Donna Come Me (Femme comme moi)* (1940).

Sa remarquable connaissance de l'Europe et de ses dirigeants est fondée sur son expérience en tant que correspondant et dans le service diplomatique italien. En 1941, il est envoyé sur le front oriental en tant que correspondant du *Corriere della Sera*. Les articles qu'il a renvoyés des fronts ukrainiens, dont beaucoup ont été supprimés, ont été rassemblés en 1943 et publiés sous le titre *Il Volga nasce in Europa* ("La Volga se lève en Europe"). Cette expérience a également servi de base à ses deux livres les plus célèbres, *Kaputt* (1944) et *La peau* (1949).

Kaputt, son récit romanesque de la guerre, rédigé subrepticement, présente le conflit du point de vue de ceux qui sont condamnés à le perdre. Le récit de Malaparte est marqué par des observations lyriques, comme lorsqu'il rencontre un détachement de soldats de la Wehrmacht fuyant un champ de bataille ukrainien :

> "Lorsque les Allemands ont peur, lorsque cette mystérieuse peur allemande commence à s'insinuer dans leurs os, ils suscitent toujours une horreur et une pitié particulières. Leur apparence est misérable, leur cruauté triste, et leur courage

silencieux et sans espoir."

Malaparte prolonge la grande fresque de la société européenne qu'il avait commencée à *Kaputt*. Là-bas, c'était l'Europe de l'Est, ici c'est l'Italie entre 1943 et 1945 ; au lieu des Allemands, les envahisseurs sont les forces armées américaines.

Dans toute la littérature qui découle de la Seconde Guerre mondiale, aucun autre livre ne présente de manière aussi brillante ou aussi blessante l'innocence américaine triomphante sur fond d'expérience européenne de destruction et d'effondrement moral. Le livre a été condamné par l'Église catholique romaine et placé sur l'Index Librorum Prohibitorum.

De novembre 1943 à mars 1946, il est attaché au Haut Commandement américain en Italie en tant qu'officier de liaison italien. Des articles de Curzio Malaparte ont été publiés dans de nombreux périodiques littéraires de renom en France, au Royaume-Uni, en Italie et aux États-Unis.

Après la guerre, les sympathies politiques de Malaparte virent à gauche et il devint membre du parti communiste italien. En 1947, Malaparte s'installe à Paris et écrit des drames sans grand succès. Sa pièce *Du Côté de chez Proust* était basée sur la vie de Marcel Proust, et *Das Kapital* était un portrait de Karl Marx. *Cristo Proibito* ("Le Christ interdit") est le film de Malaparte qui connaît un succès modéré — il l'a écrit et réalisé en 1950.

Il a remporté le prix spécial "Ville de Berlin" au Festival du film de Berlin en 1951. Dans l'histoire, un vétéran de guerre retourne dans son village pour venger la mort de son frère, abattu par les Allemands. Le film est sorti aux États-Unis en 1953 sous le titre *Strange Deception* et a été élu parmi les cinq meilleurs films étrangers par le National Board of Review. Il produit également l'émission de variétés *Sexophone* et projette de traverser les États-Unis à vélo.

Juste avant sa mort, Malaparte a terminé la rédaction d'un autre film, *Il Compagno P*. Après la création de la République populaire de Chine en 1949, Malaparte s'est intéressé à la version maoïste du communisme, mais son voyage en Chine a été écourté par la maladie, et il a été renvoyé à Rome par avion. *Io in Russia e in Cina*, son journal des événements est publié à titre posthume en 1958. Le dernier livre de Malaparte, *Maledetti toscani*, son attaque de la culture bourgeoise, paraît en 1956. Il meurt d'un cancer.

Cette anecdote permet à Malaparte de discuter des différences entre Lénine et Trotsky, deux praticiens du coup d'État/révolution. Malaparte montre que le futur pape avait raison et qu'il était faux de dire que des conditions préalables étaient nécessaires pour qu'une révolution ait lieu. Pour Malaparte, comme pour Trotsky, un changement de régime pouvait être promu dans n'importe quel pays, y compris dans les démocraties stables d'Europe occidentale, à condition qu'il y ait un corps d'hommes suffisamment résolu pour y parvenir. Il ne fait aucun doute que les techniques de Malaparte ont été suivies à la lettre en Yougoslavie, en Ukraine et en Géorgie.

Cette description de Malaparte et de ses idées est pertinente pour ce que les États-Unis ont fait au Panama, au Honduras, au Nicaragua, en Yougoslavie ; les relations des États-Unis avec Mao Tse Tung, l'invasion de l'Irak et la guerre des mots en cours avec l'Iran. Ses pensées et ses idées sont utilisées par la nouvelle gauche (néoconservateurs) pour provoquer une révolution aux États-Unis, qui est beaucoup plus proche que la plupart le pensent.

Cela nous amène à un deuxième corpus de littérature, concernant la manipulation des médias. Malaparte lui-même n'aborde pas cet aspect, mais il est (a) d'une importance considérable et (b) clairement un sous-ensemble de la technique du coup d'État dans la manière dont le changement de régime est pratiqué aujourd'hui. En effet, le contrôle des médias pendant un changement de régime est si important que l'une des principales caractéristiques de ces révolutions est la création d'une réalité virtuelle. Le contrôle de cette réalité est en soi un instrument de pouvoir, ce qui explique pourquoi, lors des coups d'État classiques dans une république bananière, la première chose que les révolutionnaires saisissent est la station de radio nationale.

Les gens éprouvent une forte réticence psychologique à accepter que les événements politiques actuels soient délibérément manipulés. Cette réticence est elle-même un produit de l'idéologie de l'ère de l'information, qui flatte la vanité des gens et les encourage à croire qu'ils ont accès à d'énormes quantités d'informations. En réalité, l'apparente multiplicité de l'information médiatique moderne cache une extrême pénurie de sources originales, un peu comme une rue de restaurants sur un front de mer italien peut cacher la réalité d'une seule cuisine à l'arrière.

Les reportages sur les événements majeurs proviennent très souvent d'une seule source, généralement une agence de presse, et même les organes d'information faisant autorité comme la BBC ne font que recycler les informations qu'ils ont reçues de ces agences, en les présentant comme les leurs. Les correspondants de la BBC sont souvent assis dans leur chambre d'hôtel lorsqu'ils envoient des dépêches, se contentant très souvent de relire au studio de Londres les informations que leur ont transmises leurs collègues restés au pays.

Un deuxième facteur qui explique la réticence à croire à la manipulation des médias est lié au sentiment d'omniscience que l'ère des médias de masse aime flatter : dire que les reportages sont manipulés revient à dire aux gens qu'ils sont crédules, et ce n'est pas un message agréable à recevoir.

La manipulation des médias comporte de nombreux éléments. L'un des plus importants est l'iconographie politique. Il s'agit d'un instrument très important pour promouvoir la légitimité des régimes qui ont pris le pouvoir par la révolution. Il suffit de penser à des événements emblématiques tels que la prise de la Bastille le 14 juillet 1789, la prise du Palais d'hiver pendant la révolution d'octobre 1917 ou la marche sur Rome de Mussolini en 1922, pour constater que des événements peuvent être élevés au rang de sources quasi éternelles de légitimité. Cependant, l'importance de l'imagerie politique va bien au-delà de l'invention d'un simple emblème pour chaque révolution. Elle implique un contrôle beaucoup plus profond des médias, et ce contrôle doit généralement être exercé sur une longue période, et pas seulement au moment du changement de régime lui-même. Il est en effet essentiel que la ligne officielle du parti soit répétée *ad nauseam*. Une caractéristique de la culture des médias de masse d'aujourd'hui que de nombreux dissidents dénoncent paresseusement et à tort comme "totalitaire" est précisément que des opinions dissidentes peuvent être exprimées et publiées, mais c'est précisément parce que, n'étant que des gouttes dans l'océan, elles ne constituent jamais une menace pour la marée de la propagande.

L'un des maîtres modernes de ce contrôle des médias était le communiste allemand auprès duquel Joseph Goebbels a appris son métier : Willi Munzenberg. Munzenberg n'est pas seulement l'inventeur de la propagande, il est aussi la première personne à avoir perfectionné l'art de créer un réseau de journalistes formateurs d'opinion qui propageaient des points de vue répondant aux besoins du parti communiste en Allemagne et en Union soviétique. Il a également fait une énorme fortune dans le processus, puisqu'il a amassé un empire médiatique considérable, dont il a tiré des profits. Munzenberg était intimement lié au projet communiste dès le début. Il fait partie du cercle de Lénine à Zurich et, en 1917, il accompagne le futur leader de la révolution bolchevique à la Hauptbahnhof de Zurich, d'où Lénine est transporté dans un train scellé et, avec l'aide des autorités impériales allemandes, depuis la gare de Finlande jusqu'à Saint-Pétersbourg. Lénine fait alors appel à Munzenberg pour lutter contre l'effroyable publicité faite en 1921 lorsque 25 millions de paysans de la région de la Volga commencent à souffrir de la famine qui sévit dans le nouvel État soviétique.

Munzenberg, qui était alors retourné à Berlin, où il fut plus tard élu au Reichstag en tant que député communiste, fut chargé de mettre en place une fausse organisation caritative ouvrière, le Comité étranger pour l'organisation du secours ouvrier aux affamés en Russie soviétique, dont le but était de faire croire au monde que l'aide humanitaire provenait d'autres sources que l'Administration américaine du secours d'Herbert Hoover. Lénine craignait non seulement que Hoover n'utilise son projet d'aide humanitaire pour envoyer des espions en URSS (ce qu'il a fait), mais aussi, et c'est peut-être encore plus important, que le premier État communiste du monde ne subisse un préjudice fatal du fait de la publicité négative de voir l'Amérique capitaliste lui venir en aide quelques années seulement après la révolution.

Après s'être fait les dents pour "vendre" la mort de millions de personnes aux mains des bolcheviks, Munzenberg s'est consacré à des activités de propagande plus générales. Il a bâti un vaste empire médiatique, connu sous le nom de "trust Munzenberg", qui possédait deux quotidiens à grand tirage en Allemagne, un hebdomadaire à grand tirage et des intérêts dans des dizaines d'autres publications dans le monde. Ses plus grands coups ont été de mobiliser l'opinion mondiale contre l'Amérique à propos du procès Sacco-Vanzetti (deux immigrants italiens anarchistes condamnés à mort pour meurtre dans le Massachusetts en 1921) et de contrer l'affirmation des nazis en 1933 selon laquelle l'incendie du Reichstag était le résultat d'une conspiration communiste.

Les nazis, on s'en souvient, ont utilisé l'incendie pour justifier les arrestations et les exécutions massives de communistes, même s'il apparaît aujourd'hui que le feu a véritablement été déclenché par l'homme arrêté dans le bâtiment à l'époque, l'incendiaire solitaire Martinus van der Lubbe. Munzenberg a en fait réussi à convaincre une grande partie de l'opinion publique d'une contre-vérité égale, mais opposée à celle colportée par les nazis, à savoir que ces derniers avaient déclenché l'incendie eux-mêmes afin d'avoir un prétexte pour éliminer leurs principaux ennemis.

La principale pertinence de Munzenberg pour notre époque est la suivante : il a compris l'importance capitale d'influencer les faiseurs d'opinions. Il ciblait particulièrement les intellectuels, estimant qu'ils étaient particulièrement faciles à influencer en raison de leur vanité. Il comptait parmi ses contacts nombre des grandes figures littéraires des années 30, dont un grand nombre ont été encouragés par lui à soutenir les Républicains dans la guerre civile espagnole et à en faire une *cause-clef* de l'antifascisme communiste.

Les tactiques de Munzenberg sont de première importance pour la manipulation de l'opinion dans le Nouvel Ordre Mondial d'aujourd'hui. Plus que jamais, de soi-disant "experts" apparaissent constamment sur nos écrans de télévision pour expliquer ce qui se passe, et ils sont toujours des véhicules de la ligne officielle du parti. Ils sont contrôlés de diverses manières, généralement par l'argent, la flatterie ou la reconnaissance académique.

Il existe un deuxième corpus de littérature, qui fait un point légèrement différent de la technique spécifique que Munzenberg a perfectionnée. Il s'agit de la manière dont les gens peuvent être amenés à réagir de certaines manières collectives par des stimuli psychologiques.

C'est sur cette base que fonctionne le Tavistock Institute of Human Relations.[4] Le premier grand théoricien de cette théorie fut peut-être le neveu de Sigmund Freud, Edward Bernays, qui travaillait à Tavistock et dont le livre *Propaganda*, publié en 1928, affirmait qu'il était tout à fait naturel et juste que les gouvernements organisent l'opinion publique à des fins politiques. Le premier chapitre de son livre porte le titre révélateur *"Organiser le chaos"*.

Bernays écrit :

> "La manipulation consciente et intelligente des opinions et des habitudes organisées des masses est un élément important de la société démocratique. Ceux qui manipulent ce mécanisme invisible de la société constituent un gouvernement invisible, qui est le véritable pouvoir dirigeant de notre pays."

---

[4] Cf. *L'Institut Tavistock des relations humaines — Façonner le déclin moral, spirituel, culturel, politique et économique des États-Unis d'Amérique*, par John Coleman, Omnia Veritas Limited, www.omnia-veritas.com.

Bernays dit que, très souvent, les membres de ce gouvernement invisible ne savent même pas qui sont les autres membres. La propagande, dit-il, est le seul moyen d'empêcher l'opinion publique de sombrer dans un chaos dissonant. C'est aussi ce que croit Malaparte. Bernays a continué à travailler sur ce thème après la guerre, publiant *Engineering Consent* en 1955, un titre auquel Edward Herman et Noam Chomsky ont fait allusion lorsqu'ils ont publié leur ouvrage fondamental *Manufacturing Consent* en 1988.

Le lien avec Freud est important, car, comme nous le verrons plus loin, la psychologie est un outil extrêmement important pour influencer l'opinion publique. Deux des contributeurs à *Engineering Consent* font valoir que tout dirigeant doit jouer sur les émotions humaines fondamentales afin de manipuler l'opinion publique.

Par exemple, Doris E. Fleischmann et Howard Walden Cutler écrivent :

> "L'instinct de conservation, l'ambition, la fierté, la faim, l'amour de la famille et des enfants, le patriotisme, l'imitation, le désir d'être un leader, l'amour du jeu — ces motivations et d'autres encore sont les matières premières psychologiques dont tout leader doit tenir compte dans ses efforts pour gagner le public à son point de vue... Pour conserver leur assurance, la plupart des gens ont besoin d'être certains que tout ce qu'ils croient à propos de quelque chose est vrai."

C'est ce que Willi Munzenberg a compris — le besoin humain fondamental de croire ce que l'on veut croire. Thomas Mann y faisait allusion lorsqu'il attribuait l'ascension d'Hitler au désir collectif du peuple allemand d'avoir "un conte de fées" au lieu des laides vérités de la réalité de la défaite lors de la Première Guerre mondiale, bien qu'il n'ait pas été vaincu sur le terrain. D'autres ouvrages méritant d'être mentionnés à cet égard ne concernent pas tant la propagande électronique moderne que la psychologie plus générale des foules. Les classiques à cet égard sont l'ouvrage de Gustave Le Bon, *La psychologie des foules*

(1895), celui d'Elias Canetti, *Les foules et le pouvoir (Masse und Macht)* (1980), et celui de Serge Tchakhotine, *Le Viol des Foules par la Propagande Politique* (1939).

Tous ces livres s'appuient fortement sur la psychologie et l'anthropologie. Il y a aussi l'œuvre magnifique de l'un de mes auteurs préférés, l'anthropologue René Girard, dont les écrits sur la logique de l'imitation (mimesis) et sur les actes collectifs de violence sont d'excellents outils pour comprendre pourquoi l'opinion publique est si facilement motivée à soutenir la guerre et d'autres formes de violence politique. Après la guerre, bon nombre des techniques perfectionnées par le communiste Munzenberg ont été adoptées par les Américains, comme l'a magnifiquement documenté l'excellent ouvrage de Frances Stonor Saunders, *Who Paid the Piper*, publié aux États-Unis sous le titre *The Cultural Cold War*.

Dans les moindres détails, Stonor Saunders explique comment, au début de la guerre froide, les Américains et les Britanniques ont lancé une vaste opération secrète de financement des intellectuels anticommunistes. Le point essentiel est qu'une grande partie de leur attention et de leur activité était dirigée vers les gauchistes, souvent des trotskistes qui n'avaient abandonné leur soutien à l'Union soviétique qu'en 1939, lorsque Staline a signé son pacte de non-agression avec Hitler, et souvent des personnes qui avaient auparavant travaillé pour Munzenberg. Nombre des personnalités qui se trouvaient à ce point entre le communisme et la CIA au début de la guerre froide étaient de futures lumières néoconservatrices (bolcheviques), notamment Irving Kristol, James Burnham, Sidney Hook et Lionel Trilling.

Les origines gauchistes et même trotskistes du néoconservatisme sont bien connues — même si je continue à m'étonner des nouveaux détails que je découvre, comme le fait que Lionel et Diana Trilling ont été mariés par un rabbin pour qui Felix Dzerzhinsky (le fondateur de la police secrète bolchevique, la Tcheka [ancêtre du KGB], et l'équivalent communiste de Heinrich Himmler) représentait un parangon d'héroïsme.

Ces origines gauchistes sont particulièrement pertinentes pour les opérations secrètes évoquées par Stonor Saunders, car l'objectif de la CIA était précisément d'influencer les opposants de gauche au communisme, c'est-à-dire les trotskistes. Le point de vue de la CIA était simplement que les anticommunistes de droite n'avaient pas besoin d'être influencés, et encore moins payés. Stonor Saunders cite Michael Warner lorsqu'elle écrit :

> « Pour la CIA, la stratégie de promotion de la gauche non communiste devait devenir "le fondement théorique des opérations politiques de l'Agence contre le communisme au cours des deux décennies suivantes". »

Cette stratégie a été exposée dans le livre d'Arthur Schlesinger, *The Vital Center* (1949), qui constitue l'une des pierres angulaires de ce qui allait devenir le mouvement néo-bolchevique :

> « Le but du soutien aux groupes de gauche n'était pas de détruire ou même de dominer, mais plutôt de maintenir une proximité discrète avec ces groupes et d'en surveiller la pensée ; de leur fournir un porte-parole pour qu'ils puissent se défouler ; et, in extremis, d'exercer un veto final sur leurs actions, s'ils devenaient trop "radicaux". »

Les moyens par lesquels cette influence de gauche se fait sentir sont nombreux et variés. Les États-Unis étaient déterminés à se forger une image progressiste, par opposition à l'Union soviétique "réactionnaire". En d'autres termes, ils voulaient faire précisément ce que les Soviétiques faisaient. En musique, par exemple, Nicholas Nabokov (le cousin de l'auteur de *Lolita*) était l'un des principaux agents du Congrès. En 1954, la CIA a financé un festival de musique à Rome dans lequel l'amour "autoritaire" de Staline pour des compositeurs comme Rimski-Korsakov et Tchaïkovski était "contré" par une musique moderne peu orthodoxe inspirée du dodécaphonisme de Schoenberg, utilisée plus tard pour promouvoir les Beatles.

> "Pour Nabokov, il y avait un message politique clair à transmettre en promouvant une musique qui s'annonçait comme supprimant les hiérarchies naturelles…"

Le soutien à d'autres progressistes est venu lorsque Jackson

Pollock, lui-même ancien communiste, a également été promu par la CIA. Ses barbouillages étaient censés représenter l'idéologie américaine de la "liberté" face à l'autoritarisme de la peinture réaliste socialiste.

(Cette alliance avec les communistes est antérieure à la guerre froide. Le muraliste communiste mexicain Diego Rivera était soutenu par Abby Aldrich Rockefeller, mais leur collaboration s'est terminée brusquement lorsque Rivera a refusé de retirer un portrait de Lénine d'une scène de foule peinte sur les murs du Rockefeller Center en 1933).

Ce croisement entre culture et politique a été explicitement promu par un organe de la CIA, qui portait un nom orwellien, le Psychological Strategy Board. En 1956, il a secrètement promu une tournée européenne du Metropolitan Opera, dont l'objectif politique était d'encourager le multiculturalisme. Junkie Fleischmann, l'organisateur, a déclaré :

> "Aux États-Unis, nous sommes un melting-pot et, ce faisant, nous avons démontré que les gens peuvent s'entendre sans distinction de race, de couleur ou de croyance. En utilisant comme thème le "melting-pot" ou une autre expression du même genre, nous pourrions utiliser le Met comme un exemple de la manière dont les Européens peuvent s'entendre aux États-Unis et que, par conséquent, une sorte de Fédération européenne est tout à fait réalisable."

C'est d'ailleurs exactement le même argument que celui utilisé, entre autres, par Ben Wattenberg, dont le livre *The First Universal Nation* soutient que l'Amérique a un droit spécial à l'hégémonie mondiale parce qu'elle incarne toutes les nations et races de la planète. Le même point de vue a également été exprimé par Newt Gingrich et d'autres néoconservateurs. Parmi les autres thèmes promus, certains sont à l'avant-garde de la pensée néo-bolchévique actuelle. Le premier d'entre eux est la croyance éminemment libérale en un universalisme moral et politique. Aujourd'hui, cette croyance est au cœur même de la philosophie de politique étrangère de George W. Bush ; il a déclaré à de nombreuses reprises que les valeurs politiques étaient les mêmes partout dans le monde et il a utilisé cette hypothèse pour justifier l'intervention militaire américaine en faveur de la "démocratie".

Au début des années 1950, le directeur du PSB (le Psychological Strategy Board n'est rapidement désigné que par ses initiales, sans doute pour cacher son véritable nom), Raymond Allen, était déjà arrivé à cette conclusion :

> "Les principes et les idéaux incarnés dans la Déclaration d'indépendance et la Constitution sont pour l'exportation et sont l'héritage des hommes du monde entier. Nous devrions faire appel aux besoins fondamentaux de tous les hommes qui, je crois, sont les mêmes pour le fermier du Kansas que pour celui du Pendjab."

Certes, il serait erroné d'attribuer la diffusion des idées aux seules manipulations secrètes. Elles trouvent leur force dans des courants culturels de grande ampleur, dont les causes sont multiples. Mais il ne fait aucun doute que la domination de ces idées peut être considérablement facilitée par des opérations secrètes, d'autant plus que les habitants des sociétés d'information de masse sont curieusement influençables.

Non seulement ils croient ce qu'ils ont lu dans les journaux, mais ils pensent aussi être arrivés eux-mêmes à ces conclusions. L'astuce pour manipuler l'opinion publique réside donc précisément dans ce que Bernays a théorisé, Munzenberg a initié et que la CIA a élevé au rang d'art. Selon l'agent de la CIA Donald Jameson :

> "En ce qui concerne les attitudes que l'Agence voulait inspirer par ces activités, il est clair que ce qu'elle aurait voulu produire, c'était des personnes qui, de par leur propre raisonnement et leur propre conviction, étaient persuadées que tout ce que faisait le gouvernement des États-Unis était juste."

En d'autres termes, ce que la CIA et d'autres agences américaines faisaient à cette époque, c'était adopter la stratégie que nous associons au marxiste italien Antonio Gramsci, qui soutenait que l'"hégémonie culturelle" était essentielle à la révolution socialiste.

Enfin, il existe une énorme littérature sur la technique de la désinformation. J'ai déjà mentionné le fait important, formulé à l'origine par Tchakotine, que le rôle des journalistes et des médias est essentiel pour garantir la constance de la propagande : *"La propagande ne peut pas prendre de congés"*, écrit-il, *"formulant ainsi l'une des règles clés de la désinformation moderne, à savoir que le message requis doit être répété très fréquemment s'il doit passer"*. Par-dessus tout, Tchakotine affirme que les campagnes de propagande doivent être dirigées de manière centralisée et hautement organisées, ce qui est devenu la norme à l'ère du "spin" politique moderne ; les députés travaillistes britanniques, par exemple, ne sont pas autorisés à parler aux médias sans avoir demandé au préalable la permission du directeur de la communication du 10 Downing Street.

Sefton Delmer était à la fois un praticien et un théoricien de cette "propagande noire". Delmer a créé une fausse station de radio, qui émettait de la Grande-Bretagne vers l'Allemagne pendant la Seconde Guerre mondiale et qui créait le mythe selon lequel il y avait de "bons" Allemands patriotes qui s'opposaient à Hitler. La fiction était entretenue par le fait que la station était en fait une station allemande clandestine, et qu'elle était placée sur des fréquences proches de celles des stations officielles. Cette propagande noire fait désormais partie de l'arsenal de "spin" du gouvernement américain ; le *New York Times* a révélé que le gouvernement américain réalise des reportages favorables à sa politique, qui sont ensuite diffusés sur les chaînes normales et présentés comme s'il s'agissait des propres reportages de la société de diffusion.

Il existe de nombreux autres auteurs de ce type, dont certains ont été évoqués. Curzio Malaparte est le plus ignoré en Occident, en grande partie parce que peu de gens le connaissent. Mais l'ouvrage le plus pertinent pour la discussion d'aujourd'hui est sans doute celui de Roger Mucchielli, *Subversion*, publié en français en 1971, qui montre comment la désinformation est passée du statut de tactique auxiliaire de guerre à celui de tactique principale. La stratégie a tellement évolué, dit-il, que l'objectif est désormais de conquérir un État sans même l'attaquer physiquement, notamment en utilisant des agents d'influence à l'intérieur de celui-ci.

C'est essentiellement ce que Robert Kaplan a proposé et discuté dans son essai pour *The Atlantic Monthly* en juillet/août 2003 : "Supremacy by Stealth".[5] L'un des plus sinistres théoriciens du Nouvel Ordre Mondial et de l'empire américain, Robert Kaplan, préconise explicitement l'utilisation d'un pouvoir immoral et illégal pour promouvoir le contrôle du monde entier par les États-Unis. Son essai traite de l'utilisation d'opérations secrètes, de la puissance militaire, des sales coups, de la propagande noire, de l'influence et du contrôle cachés, de la formation de l'opinion et d'autres choses comme l'assassinat politique, le tout soumis à son appel général à "une éthique païenne", comme moyen d'assurer la domination américaine.

L'autre point clé concernant Mucchielli est qu'il a été l'un des premiers théoriciens de l'utilisation de fausses organisations non gouvernementales — ou "organisations de façade" comme on les appelait — pour effectuer des changements politiques internes dans un autre État. Comme Malaparte et Trotsky, Mucchielli a également compris que ce ne sont pas les circonstances "objectives" qui déterminent le succès ou l'échec d'une révolution, mais plutôt la perception créée de ces circonstances par la désinformation. Il a également compris que les révolutions historiques, qui se présentaient invariablement comme le produit de mouvements de masse, étaient en fait l'œuvre d'un nombre infime de conspirateurs hautement organisés.

En fait, toujours à l'instar de Trotsky, Mucchielli a souligné que la majorité silencieuse doit être rigoureusement exclue de la mécanique du changement politique, précisément parce que les coups d'État sont l'œuvre de quelques-uns et non du plus grand

---

[5] "La suprématie par la furtivité", NDT.

nombre.

L'opinion publique est le "forum" dans lequel s'exerce la subversion, et Mucchielli a montré les différentes façons dont les médias pouvaient être utilisés pour créer une psychose collective. Les facteurs psychologiques sont extrêmement importants à cet égard, dit-il, surtout dans la poursuite de stratégies importantes comme la démoralisation d'une société. Il faut faire en sorte que l'ennemi perde confiance dans la solidité de sa propre cause, tandis que tout doit être fait pour le convaincre que son adversaire est invincible.

Chapitre 7

Le rôle de l'armée

Un dernier point historique avant de passer à la deuxième partie, une discussion sur le présent, et c'est le rôle des militaires dans la conduite d'opérations secrètes et l'influence sur le changement politique. C'est un rôle que certains analystes contemporains sont heureux d'admettre qu'il est déployé aujourd'hui : Robert Kaplan écrit de manière approbatrice sur la façon dont l'armée américaine est, et devrait être, utilisée pour "promouvoir la démocratie." Kaplan affirme qu'un appel téléphonique d'un général américain est souvent un meilleur moyen de promouvoir le changement politique dans un pays tiers qu'un appel téléphonique de l'ambassadeur américain local. Et il cite avec approbation les propos d'un officier des opérations spéciales de l'armée :

> "Quel que soit le Président du Kenya, le même groupe de gars dirige ses forces spéciales et les gardes du corps du Président. Nous les avons formés. Cela se traduit par un effet de levier diplomatique."

Le contexte historique de cette situation a récemment été abordé par un universitaire suisse, Daniele Glaser, dans son livre intitulé *NATO's Secret Armies*.

Son récit commence par l'aveu fait le 3 août 1990 par Giulio Andreotti, alors Premier ministre italien, qu'une armée secrète existait dans son pays depuis la fin de la Seconde Guerre mondiale, connue sous le nom de "Gladio", qu'elle avait été créée par la CIA et le MI6 et qu'elle était coordonnée par la section "guerre non orthodoxe" de l'OTAN.

Là encore, les écrits de Curzio Malaparte sont négligés en

Occident. Glaser confirme ainsi l'une des rumeurs les plus anciennes de l'Italie d'après-guerre. Beaucoup de gens, y compris des juges d'instruction, soupçonnaient depuis longtemps que Gladio n'était pas seulement le parti d'un réseau d'armées secrètes créées par les Américains à travers l'Europe occidentale pour lutter dans la résistance à une occupation soviétique putative, mais aussi que ces réseaux s'étaient mis à influencer le résultat des élections, jusqu'à former de sinistres alliances avec des organisations terroristes. L'Italie était une cible particulière, car le parti communiste y était très fort.

À l'origine, cette armée secrète a été construite dans le but de parer à l'éventualité d'une invasion. Mais il semble qu'elle soit rapidement passée à des opérations secrètes visant à influencer le processus politique lui-même, en l'absence d'une invasion. Il existe de nombreuses preuves que les Américains ont effectivement interféré massivement, notamment lors des élections italiennes, afin d'empêcher le PCI de prendre le pouvoir. Des dizaines de milliards de dollars ont été versés aux chrétiens-démocrates italiens par les États-Unis pour cette raison précise.

Glaser affirme même qu'il existe des preuves que les cellules de Gladio ont perpétré des attentats terroristes afin d'accuser les communistes et d'effrayer la population pour qu'elle exige des pouvoirs d'État supplémentaires pour la "protéger" du terrorisme. Glaser cite l'homme condamné pour avoir posé l'une de ces bombes, Vincenzo Vinciguerra, qui a dûment expliqué la nature du réseau dont il était un fantassin.

Il a déclaré que cela faisait partie d'une stratégie visant à *"déstabiliser pour stabiliser"*.

> *"Il fallait attaquer les civils, les gens, les femmes, les enfants, les innocents, les inconnus éloignés de tout jeu politique. La raison en était très simple. On devait obliger ces gens, le public italien, à se tourner vers l'État pour demander plus de sécurité. C'est la logique politique qui reste derrière tous les massacres et les attentats qui restent impunis, parce que l'État ne peut pas se condamner ou se déclarer responsable*

de ce qui est arrivé."

Le rapport avec les théories de la conspiration qui tournent autour du 11 septembre est évident. Glaser présente une foule de preuves solides que c'est bien ce qu'a fait Gladio, et ses arguments mettent en lumière la possibilité intrigante d'une alliance avec des groupes d'extrême gauche comme les Brigades rouges. Après tout, lorsqu'Aldo Moro a été enlevé, puis assassiné peu de temps après, il était physiquement en route pour le parlement italien afin de présenter un programme pour un gouvernement de coalition entre les socialistes et les communistes — précisément la chose que les Américains étaient déterminés à empêcher.

La nouvelle phase du Nouvel Ordre Mondial a été appelée "une période au-delà de la conspiration" dans la mesure où les gestionnaires du Nouvel Ordre Mondial sont tellement enhardis par leurs derniers succès, qu'ils ne se soucient pas du fait que leurs plans sont devenus assez transparents. L'une des façons les plus notables de déterminer la phase "au-delà de la conspiration" est de rechercher les documents qui couvrent une nouvelle politique des gestionnaires du Nouvel Ordre Mondial ; la création de révolutions (en fait des coups d'État) au lieu de monter des invasions armées de pays ciblés. Là encore, les écrits de Curzio Malaparte semblent être à la base de tout.

Apparemment, l'échec de la guerre au Vietnam, et l'invasion de l'Irak par l'armée américaine en 1991 et à nouveau en 2002 ont convaincu le Comité des 300 qu'un coup d'État est préférable à un conflit militaire sur le terrain. Cela n'exclut pas les bombardements aériens, mais il a également été établi que les bombardements seuls ne suffiront pas à surmonter l'ordre existant des pays visés, à moins qu'ils ne soient de l'ampleur des bombardements massifs de l'Allemagne en 1944-1945.

Les "révolutions" successives qui éclatent dans le monde entier doivent être considérées sous cet angle. La nouvelle politique dite "au-delà de la conspiration" a été lancée pour de bon en novembre 2003, lorsque le président de la Géorgie Edward Chevardnadze a été renversé à la suite de manifestations, de marches et d'allégations selon lesquelles les élections parlementaires avaient été truquées, allégations qui ont été largement diffusées dans les médias occidentaux, bien qu'aucune preuve crédible n'ait jamais été produite pour étayer la fraude électorale.

Un an plus tard, en novembre 2004, la soi-disant "révolution orange" a été montée en Ukraine avec les mêmes accusations de fraude électorale généralisée qui ont divisé le pays. L'Ukraine compte une importante population pro-russe et la fraude électorale n'aurait pas été nécessaire pour maintenir les liens historiques de l'Ukraine avec la Russie, mais les événements de 2004 — un coup d'État virtuel — ont mis le pays sur la voie de devenir un membre permanent de l'OTAN et de l'UE.

La survie du mythe de la révolution populaire spontanée est déprimante, car même un examen superficiel des faits trouvés dans les déclarations écrites et les diverses publications montre que c'est plus qu'un mythe, j'oserais dire, un mensonge flagrant. Il est certain que les organisations basées aux États-Unis qui étaient derrière la soi-disant "révolution orange" s'étaient largement inspirées des idées de Malaparte, soutenues par l'argent illimité de Washington, et la coopération plus que consentante des médias occidentaux et de la CIA, avaient tort de dire que des conditions préalables étaient nécessaires pour qu'une révolution ait lieu. Pour Malaparte, comme pour Trotsky, un changement de régime pouvait être promu dans n'importe quel pays, y compris dans les démocraties stables d'Europe occidentale, à condition qu'il y ait un groupe d'hommes suffisamment résolus pour y parvenir.

Pour la CIA, la stratégie de promotion de la gauche non communiste devait devenir "le fondement théorique des opérations politiques de l'Agence contre le communisme au cours des deux décennies suivantes".

Cette stratégie a été exposée dans *The Vital Center* (1949) d'Arthur Schlesinger, un livre qui représente l'une des pierres angulaires de ce qui allait devenir le mouvement néoconservateur. Stonor Saunders écrit :

« Le but du soutien aux groupes de gauche n'était pas de détruire ou même de dominer, mais plutôt de maintenir une proximité discrète avec ces groupes et d'en surveiller la pensée ; de leur fournir un porte-parole pour qu'ils puissent se défouler ; et, in extremis, d'exercer un veto final sur leurs actions, s'ils devenaient trop "radicaux". »

L'influence de la gauche se fait sentir de diverses manières. Les États-Unis étaient déterminés à se forger une image progressiste, par opposition à l'Union soviétique "réactionnaire". Mais le plus pertinent pour le débat d'aujourd'hui est sans doute le livre de Roger Mucchielli, *Subversion*, publié en français en 1971, qui montre comment la désinformation est passée du statut de tactique auxiliaire de guerre à celui de tactique principale.

La stratégie a tellement évolué, dit-il, que l'objectif est désormais de conquérir un État sans même l'attaquer physiquement, notamment en utilisant des agents d'influence à l'intérieur de celui-ci. C'est essentiellement ce que Robert Kaplan a proposé et discuté dans son essai pour *The Atlantic Monthly* en juillet/août 2003, "Supremacy by Stealth".

L'un des plus sinistres théoriciens du Nouvel Ordre Mondial et de l'empire américain, Robert Kaplan, préconise explicitement l'utilisation d'un pouvoir immoral et illégal pour promouvoir le contrôle du monde entier par les États-Unis. Son essai traite de l'utilisation d'opérations secrètes, de la puissance militaire, des sales coups, de la propagande noire, de l'influence et du contrôle cachés, de la formation de l'opinion et d'autres choses comme l'assassinat politique, le tout soumis à son appel général à une "éthique païenne", comme moyen de perpétuer l'hégémonie américaine.

Chapitre 8

La honte de l'Irak

L'érosion de l'intégrité et de la viabilité d'un pays cible a toujours été un objectif conscient du projet colonial occidental. Créer de l'instabilité et de l'insatisfaction par rapport à la réalité existante était une condition préalable nécessaire pour "apprivoiser" puis intégrer les peuples indigènes dans le modèle hiérarchique dominant. Aujourd'hui, bien sûr, on nous dit que le colonialisme appartient au passé. Les grandes nations de la communauté internationale ne cherchent plus à asservir leurs voisins moins fortunés, mais poursuivent plutôt des politiques de bienfaisance mondiale — dans les limites imposées par une saine concurrence, bien sûr. On ne nous dit pas quand cette conversion miraculeuse a eu lieu, mais peut-être s'est-elle produite progressivement, parallèlement au fossé croissant entre les riches et les pauvres du monde. Quoi qu'il en soit, un simple coup d'œil à l'état du monde musulman suffit à briser cette illusion insensée.

Alors que la société irakienne s'enfonce de plus en plus dans le chaos, les humoristes et les commentateurs de toutes sortes ont fait grand cas de l'incompétence et de la stupidité supposées de nos dirigeants. Mais comme le suggérait récemment le *Canadian Spectator*, s'il arrivait que les États-Unis ne soient pas dirigés par des bouffons,

> "il faut en conclure que le chaos, l'appauvrissement et la guerre civile dans le monde musulman… loin d'être des conséquences involontaires, sont précisément les objectifs de la politique américaine".

La raison de l'état actuel des choses est que, comme je viens de le dire, le Comité des 300 est sorti de l'ombre de la conspiration mondiale depuis laquelle il opérait depuis toujours, pour émerger au grand jour, au-delà de la conspiration. Il n'y a plus de faux-semblant ; un Nouvel Ordre Mondial au sein d'un Gouvernement Mondial Unique est l'objectif ouvertement déclaré. Comme pour le 11 septembre, l'événement déclencheur de la guerre contre le terrorisme, l'incompétence est l'explication privilégiée du scénario de cauchemar en Irak aujourd'hui. Bien que contre-intuitif pour les populations domestiquées de l'Occident, un plan visant à fragmenter délibérément l'Irak selon des lignes ethniques est amplement confirmé par les documents publiés. Ressuscitant d'anciens plans sionistes, le Conseil américain des relations étrangères a récemment appelé à la dissolution de "l'État irakien contre nature". En raison de sa diversité ethnique, l'Irak serait une construction fausse et artificielle, un produit de décisions coloniales arbitraires du début du 20ème siècle. Ce jugement pourrait s'appliquer à de nombreux pays du monde et pourtant, ce thème est adopté avec enthousiasme par des quantités d'"experts" qui ne songeraient jamais à remettre en question la souveraineté de l'État au Québec, au Pays basque ou en Irlande du Nord. De manière typique, l'analyste politique néo-bolchévique Michael Klare a récemment qualifié l'Irak de pays "inventé" :

> "... Pour faciliter leur exploitation du pétrole dans la région, les Britanniques ont créé le "Royaume d'Irak" fictif en rapiéçant trois provinces de l'ancien Empire ottoman et en parachutant un faux roi de ce qui deviendra plus tard l'Arabie Saoudite."

Acceptant la justification bidon de l'administration Bush pour l'invasion, Klare a attribué la résistance des sunnites au désir d'une plus grande part des revenus pétroliers dans la future partition du pays. L'idée que la résistance s'étende au-delà des "sunnites" ou puisse être motivée par le nationalisme irakien ou le besoin d'autodétermination est absente. En fin de compte, la facilité avec laquelle les universitaires occidentaux décident avec désinvolture de remodeler les pays de leur choix est due à l'héritage permanent du Comité des 300.

Dans le style classique du XIXème siècle, les têtes pensantes suggèrent que l'Irak, malgré son histoire cinq fois millénaire, est désormais incapable de se gérer lui-même et que son sort doit donc être décidé par des puissances extérieures. Un pays qui a résisté en 1991 à six semaines de la campagne de bombardement la plus intensive de l'histoire (qui, selon l'ONU, a laissé l'Irak à un "âge préindustriel") et qui a continué à survivre pendant 12 ans aux sanctions les plus brutales et les plus dévastatrices jamais imposées à une nation est maintenant allègrement relégué dans l'histoire par les soi-disant experts occidentaux. Pour étayer leur thèse, le mythe des anciennes haines sectaires, alimenté par les gangsters de l'"intervention humanitaire", est rabâché quotidiennement par des journalistes qui ne remettent pas en question l'origine des attaques "sectaires" et ne rapportent pas l'opinion des Irakiens ordinaires (qui accusent l'armée d'occupation et son gouvernement fantoche du chaos orchestré).

Les préparatifs de l'occupation de l'Irak ont commencé presque immédiatement après le premier assaut de 1991. Ajoutons qu'avec cette attaque illicite appelée "Tempête du désert" non sanctionnée par la Constitution des États-Unis et qui ne trouvait aucune autorité dans le *Droit des gens* d'Emmerich Vattel, *la* "Bible" dont s'inspire largement la Constitution des États-Unis, les États-Unis sont tombés du précipice dans un canyon de barbarie rivalisant avec tout ce qui a été vu au Moyen Âge, ou même plus tard lors de l'invasion mongole de l'Europe.

"Tempête du désert" a été le pire des banditismes sans foi ni loi, pour lequel les États-Unis sont destinés à payer un prix élevé. Avec l'imposition arbitraire de zones d'exclusion aérienne dans le nord et le sud du pays sur la seule volonté de George Bush père, en violation flagrante du droit international et de la Constitution des États-Unis, et avec l'assentiment profane des médias occidentaux qui divisaient déjà le pays en trois régions mutuellement antagonistes, le décor était planté pour l'une des pires atrocités à frapper un pays dans l'histoire ancienne et moderne.

La première indication de ce qui allait se passer a été le saccage organisé des musées (170 000 pièces perdues) et l'incendie des bibliothèques après la chute du gouvernement de Saddam Hussein en 2003. Plus tard, lorsque le premier chef des forces d'occupation, le général Jay Garner, a recommandé de maintenir l'armée irakienne et de créer un gouvernement de coalition, le secrétaire à la défense Rumsfeld l'a démis de ses fonctions. Son successeur, Paul Bremer, a ensuite démantelé l'armée et d'autres institutions nationales clés, tout en "perdant" au passage quelque 9 milliards de dollars de revenus pétroliers irakiens.

L'armée fantoche reconstituée était formée presque exclusivement de membres des communautés kurde et chiite. Pendant ce temps, des assassins anonymes ont commencé à s'en prendre à la communauté universitaire irakienne, provoquant finalement une énorme "fuite des cerveaux" du pays et affaiblissant encore plus la capacité du pays à se relever. Lorsque les groupes d'opposition armés sont devenus actifs dans le pays, il s'en est suivi une série d'événements portant la marque d'opérations secrètes conçues pour attiser le conflit sectaire et entacher la Résistance irakienne. Ce qui suit est un bref résumé des incidents les plus suspects.

Alors qu'un camion piégé traverse le siège des Nations unies quatre mois après le début de l'occupation, tuant l'envoyé spécial Sergio Vieira de Mello et 19 autres personnes, le pro-consul Bremer suggère deux coupables possibles : "Des loyalistes de Saddam ou des insurgés étrangers". Ahmed Chalabi, du gouvernement intérimaire, avait toutefois été averti de l'attaque la semaine précédente. Chalabi avait été averti qu'une "cible facile" allait être attaquée, mais qu'il ne s'agirait "ni de l'Autorité de la coalition ni des troupes de la coalition". Mais l'ONU, dont la sécurité avait été retirée ce jour-là, n'a jamais été prévenue.

En novembre 2003, alors que la campagne de guérilla infligeait de lourdes pertes aux forces américaines, les médias et l'autorité gouvernementale intérimaire ont commencé à pratiquer un lavage de cerveau sectaire. Après des semaines de discours alarmistes sur une guerre civile, des explosions coordonnées ont fait 143 morts parmi les civils chiites à Kerbala et à Bagdad. La faute en revient à "Al-Qaïda", mais le journaliste Robert Fisk pose la question évidente : *"Si un groupe sunnite violent souhaitait expulser les Américains d'Irak... pourquoi voudrait-il retourner la population chiite... 60 pour cent des Irakiens, contre eux ?"* Aucune réponse n'a été apportée, et les attaques insensées se sont multipliées.

Au début du mois de février 2004, les autorités américaines ont affirmé avoir intercepté un message en provenance d'Irak demandant à "Al-Qaïda" de l'aider à fomenter une guerre civile. Presque immédiatement, comme pour souligner le message, une explosion a tué 50 chiites dans la petite ville d'Iskandariya. "Les terroristes suscitent la crainte d'une guerre civile", a annoncé *The Independent*, contredisant les habitants de la ville qui, sans exception, ont attribué l'explosion à une frappe aérienne américaine. "Ils ont entendu un hélicoptère au-dessus de leur tête et le souffle d'un missile juste avant l'explosion".

L'explosion elle-même a laissé un cratère d'un mètre cinquante de profondeur, qui correspond davantage à un missile qu'à une voiture piégée.

Comme pour l'organisation mère, rien de ce groupe ne sonne vrai. Jusqu'en 2004, "al-Qaïda", une organisation exclusivement sunnite, n'avait jamais prononcé un mot contre les chiites. Mais alors que la campagne de résistance irakienne prenait un élan irrésistible, le militant jordanien Abu Musab Zarqawi, apparemment décédé, a soudainement refait surface. Appelant à la guerre contre la communauté chiite "infidèle", il a ensuite mené une campagne parallèle caractérisée davantage par des attaques gratuites contre des civils que par l'éjection des États-Unis d'Irak.

Au cours des années suivantes, chaque fois que les États-Unis ont déclenché des attaques massives en Irak, Zarqaoui a été commodément "découvert" comme étant caché. L'assaut de novembre 2004 sur Fallujah a été mené au phosphore blanc et a fait au moins 6000 morts sous les ruines, et pourtant la surveillance américaine était si pointue que Zarqawi, avec son unique jambe de bois, a apparemment été observé en train de fuir dès le premier jour ! Parmi les Irakiens, le polyvalent Zarqawi était considéré comme une sorte d'ADM mobile capable d'apparaître partout où cela était nécessaire. Son histoire est restée incroyable jusqu'à la fin, les photos publiées montrant le corps légèrement meurtri d'un homme tué par une bombe 5001 b. La vérité est certainement plus étrange que la fiction lorsqu'il s'agit de la multiplicité des situations inventées qui se produisent en Irak sur une base presque quotidienne.

En avril 2004, le jeu était bel et bien lancé. Falloujah est devenue la première grande ville à passer sous le contrôle ouvert de la Résistance. Simultanément, la répression américaine a provoqué un soulèvement de l'armée chiite de Mehdi et les États-Unis se sont retrouvés à mener une guerre sur deux fronts. Des manifestations massives de solidarité interconfessionnelle s'ensuivent : le 9 avril, 200 000 sunnites et chiites se rassemblent pour des prières collectives dans la plus grande mosquée sunnite de Bagdad, où le prédicateur principal tourne en dérision la possibilité d'une guerre civile, prétexte américain pour prolonger l'occupation.

Les États-Unis ont dû faire face à un concert de protestations dans le monde entier lorsqu'ils ont matraqué Falloujah depuis les airs dans une tentative désespérée de reprendre la ville. Puis, des photographies de tortures systématiques dans le centre de détention d'Abu Ghraib ont été diffusées dans la presse, achevant le peu de crédibilité que les États-Unis conservaient dans l'opinion mondiale. Cependant, pour détourner l'attention de cette publicité négative, des groupes militants jusqu'alors inconnus ont commencé à kidnapper des ressortissants étrangers et à diffuser des vidéos horribles dans lesquelles les victimes de ces enlèvements étaient fréquemment décapitées devant la caméra lorsque les exigences des ravisseurs n'étaient pas satisfaites.

La première victime était l'homme d'affaires Nick Berg, dans le cadre de prétendues "représailles" à Abu Ghraib. Ce meurtre, qui serait l'œuvre d'Al Zarqawi, a fait l'objet d'un examen minutieux lorsque des médias indépendants ont mis en doute la véracité de la vidéo d'exécution. Il a été établi que la vidéo avait d'abord été téléchargée sur Internet depuis Londres, et après examen des images par un médecin légiste mexicain, de nombreux observateurs ont convenu que l'homme montré dans le film était déjà un cadavre lorsqu'il a été décapité.

Margaret Hassan, travailleuse humanitaire anglo-irlandaise, vivait en Irak depuis 30 ans et a consacré sa vie au bien-être des Irakiens dans le besoin, luttant sans relâche contre les sanctions de l'ONU et s'opposant à l'invasion anglo-américaine. Aussi, lorsqu'elle a été enlevée sur le chemin du travail à l'automne 2004, les Irakiens ont été incrédules. Des campagnes d'information spontanées ont été lancées et un poster montrant Hassan tenant un enfant irakien malade est apparu sur les panneaux d'affichage de la capitale. "Margaret Hassan est vraiment une fille de l'Irak", pouvait-on lire. Les patients des hôpitaux irakiens sont descendus dans la rue pour protester contre les preneurs d'otages, et d'importants groupes de résistance, y compris le fantôme Zarqawi, ont appelé à sa libération.

Ses ravisseurs n'ont pas émis de demandes spécifiques, mais dans la vidéo de captivité, Hassan a plaidé pour le retrait des troupes britanniques. Dans les cas précédents, les groupes s'étaient identifiés et avaient utilisé les vidéos pour formuler leurs exigences. Mais l'enlèvement de Margaret Hassan était différent dès le départ. Ce groupe n'utilisait aucun nom spécifique et aucune bannière ou drapeau pour s'identifier. Dans leurs vidéos n'apparaissaient pas les habituels hommes armés et encagoulés ou les récitations du Coran. D'autres femmes enlevées ont été libérées "lorsque leurs ravisseurs ont reconnu leur innocence". Mais pas dans le cas d'Hassan, même si elle parlait couramment l'arabe et pouvait expliquer son travail à ses ravisseurs dans leur propre langue. Une vidéo prétendant montrer son exécution a rapidement fait surface et un Irakien, Mustafa Salman al-Jubouri, a ensuite été condamné à la prison à vie par un tribunal de Bagdad pour avoir aidé et encouragé les ravisseurs. À ce jour, aucun groupe n'a revendiqué la responsabilité de cet acte.

Bien après que des piles de cadavres aient commencé à apparaître au bord des routes, victimes d'assassins anonymes, le magazine *Newsweek* a fait état d'un plan du Pentagone visant à utiliser des escadrons de la mort pour éliminer les résistants irakiens et leurs partisans. L'"option Salvador", ainsi nommée en référence à une campagne similaire menée en Amérique centrale dans les années 1980, a été confirmée par des rapports ultérieurs faisant état de l'implication du ministère de l'Intérieur dans les escadrons de la mort en plein essor. Alors que les victimes s'accumulaient, les médias corporatifs ont filtré l'histoire sous l'angle de fanatiques sunnites visant des civils chiites innocents. Mais les faits ont montré une autre histoire. Selon un rapport du Centre d'études stratégiques et internationales, la majeure partie des attaques de la résistance (75%) ont visé les forces de la coalition, dépassant de loin toute autre catégorie dans leur étude (les attaques étant classées par quantité, type de cible et nombre de tués et de blessés).

Contrairement à l'image véhiculée par les médias, les cibles civiles ne représentent que 4,1% des attaques. Après que 300 000 chiites de Bagdad ont organisé les plus grandes manifestations populaires depuis 1958, M. Junaid Alam s'est interrogé :

> "Un nombre aussi massif de chiites se serait-il manifesté pour protester contre l'occupation s'ils avaient pensé que la majeure partie de la résistance armée basée sur les sunnites, également opposés à l'occupation, essayait de les tuer ?"

L'année 2005 a vu une augmentation spectaculaire de l'utilisation de voitures piégées, souvent dirigées contre des cibles civiles innocentes. Bien que le réseau Zarqawi ne compterait pas plus d'un millier d'hommes en Irak, il dispose apparemment d'une réserve inépuisable de personnel prêt à sacrifier sa vie pour la guerre sainte. D'autres récits, cependant, suggèrent une explication différente.

En mai 2005, Imad Khadduri, ancien exilé irakien, a rapporté comment un conducteur dont le permis avait été confisqué à Bagdad a été interrogé pendant une demi-heure dans un camp militaire américain, informé qu'aucune charge n'était retenue contre lui, puis dirigé vers le poste de police d'al-Khadimiya pour récupérer son permis.

Le conducteur est parti en toute hâte, mais il a rapidement eu l'impression que sa voiture transportait une lourde charge, et il s'est également méfié d'un hélicoptère volant à basse altitude qui continuait à planer au-dessus de lui, comme s'il le suivait. Il a arrêté la voiture et a découvert près de 100 kilogrammes d'explosifs cachés sur le siège arrière. La seule explication possible de cet incident est que la voiture était effectivement piégée par les Américains et destinée au quartier chiite d'al-Khadimiya à Bagdad. L'hélicoptère surveillait ses déplacements et était témoin de l'"attaque hideuse d'éléments étrangers" prévue."

(Selon Khadurri, le scénario s'est répété à Mossoul, lorsque la voiture d'un chauffeur est tombée en panne sur le chemin du poste de police où il avait été envoyé pour récupérer son permis. Il s'est alors retourné pour découvrir que la roue de secours était chargée d'explosifs).

Le même mois, Haj Haidar, agriculteur de 64 ans, qui transportait son chargement de tomates de Hilla à Bagdad, a été arrêté à un poste de contrôle américain et son pick-up a été fouillé de fond en comble. Autorisé à poursuivre sa route, son petit-fils de 11 ans lui a dit qu'il avait vu l'un des soldats américains placer un objet gris de la taille d'un melon au milieu des conteneurs de tomates.

Réalisant que le véhicule était son seul moyen de travail, Haidar a résisté à son envie initiale de courir et a retiré l'objet de son camion, le plaçant dans un fossé voisin. Il apprendra plus tard que l'objet avait en fait explosé, tuant une partie du troupeau de moutons d'un berger de passage.

À ce stade, la légendaire journaliste irakienne "Riverbend" a écrit que nombre des prétendus attentats-suicides étaient en fait des voitures piégées ou des bombes à retardement déclenchées à distance. Elle a raconté comment un homme a été arrêté pour avoir prétendument tiré sur un garde national après les énormes explosions qui ont frappé l'ouest de Bagdad. Mais selon les voisins de l'homme, loin d'avoir tiré sur quelqu'un, il avait vu :

> ... une patrouille américaine passant par la zone et s'arrêtant sur le site de la bombe quelques minutes avant l'explosion. Peu après leur départ, la bombe a explosé et le chaos a suivi. Il est sorti en courant de sa maison en criant aux voisins et aux passants que les Américains avaient soit posé la bombe, soit vu la bombe et n'avaient rien fait. Il a été rapidement emmené.

Le 19 septembre 2005, à Bassora, des policiers irakiens soupçonneux ont arrêté des soldats britanniques en civil dans une Toyota Cressida. Les deux hommes ont alors ouvert le feu, tuant un policier et en blessant un autre. Finalement capturés, ils ont été identifiés par la BBC comme des membres des forces spéciales d'élite SAS. Les soldats portaient des perruques et étaient habillés en Arabes, et leur voiture était bourrée d'explosifs et de matériel de remorquage. Fattah al-Shaykh, membre de l'Assemblée nationale irakienne, a déclaré à la chaîne Al-Jazeera que la voiture devait exploser au centre du marché populaire de Bassora. Mais avant que sa thèse ne puisse être confirmée, les chars de l'armée britannique ont aplati la cellule de la prison locale et libéré leurs sinistres agents. Les plans visant à orchestrer le chaos sectaire sont devenus plus évidents au cours de la troisième année de l'occupation. Lors d'un incident, la police de Bagdad a informé les commandants de l'armée chiite Mehdi que des hommes armés près du village de Madain retenaient 150 civils chiites en otage.

Lorsque la milice a envoyé des combattants dans la zone pour négocier leur libération, ils ont essuyé des tirs, perdant au moins 25 hommes. "Je pense qu'il s'agissait d'un coup monté ; les tirs étaient trop nourris", a déclaré un assistant de la milice Mehdi, ajoutant que les assaillants ont utilisé des tireurs d'élite et des mitrailleuses lourdes. Les habitants de la ville n'étaient pas au courant de la supposée prise d'otages et aucun otage n'a jamais été découvert sur place. Bien que le lavage de cerveau sectaire incessant ait clairement eu un effet, les Irakiens ont continué à rejeter l'idée d'une guerre civile.

Toutefois, à la suite de la destruction de la mosquée d'or de Samarra, l'ampleur de la tuerie en Irak a fortement augmenté. Les responsables de cette attaque critique portaient des uniformes de la Garde nationale irakienne, selon les gardiens de la mosquée. Les forces conjointes de la Garde nationale irakienne et des Américains, qui patrouillaient dans les environs pendant tout ce temps, ont assisté à une attaque de la milice contre une mosquée sunnite dans le cadre d'une "réponse" préprogrammée. '

La réponse de la plupart des Irakiens ordinaires a cependant été très différente, selon Sami Ramadani :

> *Aucune des marches de protestation, pour la plupart spontanées, n'était dirigée vers les mosquées sunnites. Près du sanctuaire bombardé, les sunnites locaux se sont joints à la minorité chiite de la ville pour dénoncer l'occupation et l'accuser de partager la responsabilité de cet outrage. À Kut, une marche menée par l'armée du Mahdi de Sadr a brûlé des drapeaux américains et israéliens. Dans le quartier de Sadr City à Bagdad, la marche contre l'occupation a été massive.*

Les médias occidentaux, cependant, pouvaient désormais s'emparer de chaque incident comme preuve d'une désintégration sociale irréparable. Le chroniqueur Daniel Pipes a observé avec approbation que les conflits sectaires réduiraient les attaques contre les forces américaines puisque les Irakiens se combattaient entre eux. Ses commentaires ont ensuite été repris sur Fox News avec des légendes à l'écran qui disaient : "Le bon côté de la guerre civile" et "Une guerre civile totale en Irak : Est-ce une bonne chose ?"

La clé pour justifier l'horrible assaut colonial contre l'Irak était la fabrication ininterrompue de propagande. Bien que cela ne soit pas prouvable, il doit y avoir quelqu'un dans l'administration Bush qui a étudié Curzio Malaparte.

Le meneur de jeu Thomas Freidman avait comparé l'Irak de Saddam à un Alabama marqué par la ségrégation ethnique à l'époque du lynchage. Les chiites et les Kurdes étaient considérés comme des sous-hommes.

Bien que le ministre de la Santé soit kurde et que le gouvernement ait eu deux Premiers ministres chiites (Sadoun Humadi et Mohammed Al-Zubaidi), le fait que le vice-président soit chrétien n'a jamais perturbé l'"analyse" de Freidman. En fait, les Irakiens posaient rarement des questions sur la religion ou l'origine ethnique des dirigeants et des fonctionnaires auxquels ils rendaient des comptes. Ce n'était tout simplement pas un sujet de préoccupation pour eux.

Pendant ce temps, pour la brigade des "droits de l'homme", des propagandistes tels que Johann Hari, de *The Independent*, élaboraient une caricature bidimensionnelle d'un pays dans lequel un régime infernal assassinait, chaque année, 70 000 de ses propres citoyens (sans que personne ne s'en aperçoive vraiment). Pourtant, malgré les crimes avoués du gouvernement Baas, un visiteur pouvait traverser Bagdad dans les années 1990 sans croiser des chars, des voitures piégées, des enlèvements, des frappes aériennes, des pénuries de carburant, des coupures de courant et de vastes goulags de détention. Et, quelle que soit l'ampleur des crimes de Saddam, ils sont bien pâles à côté de ceux des forces d'occupation américaines.

Saddam n'avait pas l'intention de démanteler le gouvernement, l'armée, les institutions civiles, de piller les musées et de tuer les enseignants et les intellectuels, de procéder à un nettoyage ethnique des chrétiens et des sunnites et d'inciter à la violence entre les sectes. Saddam n'avait pas l'intention d'accroître la malnutrition, de réduire le débit d'eau potable, de couper l'électricité, de supprimer le filet de sécurité sociale, d'accroître la pauvreté et le chômage ou de monter les Irakiens les uns contre les autres dans une lutte vicieuse pour la survie.

Saddam n'a pas respecté la théorie néoconservatrice de la "destruction créatrice", qui a délibérément plongé une nation entière dans le chaos, détruisant le tissu de la société irakienne et laissant le peuple se réfugier dans les milices pour se protéger. La vérité est que l'approche du pic de la production pétrolière mondiale menace d'affaiblir fatalement le bloc de pouvoir américain.

Par conséquent, l'Irak de Saddam, un État indépendant et riche en pétrole dans la région la plus importante sur le plan stratégique de la planète, ne pouvait pas être autorisé à survivre. Mais la résistance intraitable à l'occupation a obligé les États-Unis à se tourner vers leur plan d'urgence (officiellement, bien sûr, ils n'en avaient pas). Dans ce plan, quelque chose de similaire à la balkanisation tripartite du pays proposée par Oded Yinon est en cours d'élaboration. Les États indépendants existants doivent être démantelés et remplacés par un ensemble de protectorats faibles et dociles.

Les particularités peuvent être très différentes, mais l'éclatement machiné de la Yougoslavie sert sans aucun doute de modèle à ce démembrement.

"Dans les années 1990, écrit Diana Johnston, la communauté internationale dirigée par les États-Unis n'était plus intéressée par la construction d'États. La déconstruction de l'État-nation était plus compatible avec les mesures de mondialisation économique."

À cette fin, en Irak comme en Yougoslavie, les États-Unis se sont alliés à des "diviseurs d'État" et à des fanatiques sectaires, tout en prétendant publiquement défendre la souveraineté nationale. En cas de malentendu, les idéologues néo-bolcheviques ont clarifié les choses : les tensions sectaires "naturelles", disent-ils, surgiront inévitablement en l'absence d'un État répressif pour les maîtriser. C'est pourquoi, sous leur direction bienveillante, il faut laisser l'Irak se décomposer en ses composantes ethniques.

Après le bombardement de l'Irak en 1991 et l'annonce par George Bush père d'un "nouvel ordre mondial" d'hégémonie américaine, les forums de politique étrangère ont effectivement proclamé l'obsolescence de l'État-nation. En fait, l'imposition mondiale du modèle occidental de développement après la Seconde Guerre mondiale avait déjà mis fin à l'indépendance traditionnelle de l'État. La "nouvelle" idéologie était simplement la reconnaissance des faits sur le terrain. Après l'effondrement de l'Union soviétique, les célèbres défenseurs de l'idéologie anti-État-nation ont prédit l'approche de la "fin de l'histoire", qui verrait tous les peuples du monde s'intégrer dans un mode de vie mondial, urbain, capitaliste et consommateur.

Ainsi, la "diversité chaotique des cultures, des valeurs et des croyances qui se cachent derrière les conflits du passé" serait supprimée dans un processus général d'homogénéisation politique et culturelle. Il est encore trop tôt pour prédire la fin de cette vision délirante, mais partout dans le monde, les gens choisissent de forger leur propre avenir, de plus en plus sourds aux conseils des super-élites. En Irak, la conscience de la situation globale est plus forte que partout ailleurs.

Ainsi, l'éclatement prévu en un conflit sectaire généralisé ne s'est pas matérialisé. Alors que la résistance armée intensifie sa lutte contre les États-Unis et affronte ouvertement les terroristes salafistes djihadistes, un pendentif est devenu extrêmement populaire parmi les Irakiens. On le voit dans les rues et à la télévision, les présentatrices le portent en lisant les nouvelles. Le pendentif a la forme de l'Irak.

Lorsque les chaînes de télévision ont montré des adolescents brandissant des kalachnikovs face à l'armée la plus puissante du monde à Falloujah, les images évoquaient une lutte d'une importance capitale. Mais aux côtés de la résistance armée, des journalistes, des intellectuels, des syndicalistes et des Irakiens de tous horizons affrontent, chacun sur son propre terrain, le pouvoir militaro-industriel.

Chapitre 9

Plan de guerre au-delà de la conspiration

C omme dans toutes les soi-disant "situations de crise", la "crise" est née d'une situation fabriquée de toute pièce. Le naufrage du Lusitania, l'attaque japonaise sur Pearl Harbor et les prétendues attaques de torpilleurs contre la flotte américaine dans le golfe du Tonkin, qui ont permis au président Johnson d'envoyer des forces américaines au Viêt Nam, en sont de parfaits exemples. J'espère avoir démontré que l'attaque non provoquée contre la Yougoslavie s'inscrivait dans la lignée de ces situations inventées, tout comme l'attaque de 2001 contre l'Irak sous le prétexte que ce pays possédait des "armes de destruction massive" imaginaires. Je ne vois pas de meilleure façon de dire la vérité sur ce qui s'est passé pendant la période précédant la guerre contre la Yougoslavie ordonnée par Clinton que de la bouche de feu le président Milosevic.

Tout d'abord, en ce qui concerne le défunt président Milosevic, les descriptions faites par la presse occidentale étaient à côté de la plaque : intelligent, calme et digne, un homme qui savait qui il était et n'avait pas besoin de se faire de la publicité.

Contrairement à Albright, dont le père a été tenu responsable du vol d'une précieuse collection d'art appartenant au propriétaire de l'appartement qu'il louait, l'honnêteté de Milosevic a été commentée par plusieurs représentants neutres de gouvernements étrangers qui ont déclaré qu'il s'était toujours comporté avec confiance et dignité.

En expliquant ce qui s'est passé, feu Slobodan Milosevic a clairement indiqué qui étaient les instigateurs de la guerre contre la Serbie :

« *La Yougoslavie était une fédération moderne avec des cultures, des héritages différents, vivant sans grande discorde et la question de savoir qui est macédonien, qui est croate, etc. a été imposée de l'extérieur notamment par l'américain Holbrook. Ce n'est qu'à ce moment-là que les problèmes sont apparus. Aucune personne ayant un intérêt pour leur bien-être ne commencerait à faire de l'agitation pour la dissolution de la Yougoslavie, alors qu'une partie du peuple croate vivait en Bosnie et ainsi de suite ? Ou les musulmans ? Et que deviendrions-nous, divisés en petits États ?*

En Europe, il n'y a aucune reconnaissance des différences culturelles et ethniques. Chaque pays a besoin de nouvelles formules adaptées pour traiter les différences culturelles et ethniques de manière respectueuse. La Yougoslavie avait un tel code. L'OTAN est censée être une alliance. Une alliance signifie des états égaux. Mais en fait, l'OTAN est une machine de guerre imposée par le grand maître américain. Il est compréhensible que les USA, en tant que nation la plus puissante, aspirent à un rôle de leader. Les Américains auraient pu être bienveillants. Mais au lieu de cela, vous avez choisi la voie de César, répandant le sang et tuant les nations. Vous avez donc raté le millénaire, pas seulement le siècle. Ce serait comique si ce n'était pas tragique.

Tout est devenu transparent. Considérez cette très brève histoire. En octobre 1997, les dirigeants des pays de l'Europe du Sud-Est se sont rencontrés, nous tous. Nous avons établi une très bonne entente. J'ai proposé : "Faisons quelque chose pour nous-mêmes. Supprimons les droits de douane entre nous. La réunion s'est très bien passée. J'ai eu d'excellentes discussions en personne avec Fatos Nano, le Premier ministre albanais. Nous avons discuté de l'ouverture de nos frontières et il a dit que le Kosovo était un problème interne à notre pays. Le message de cette réunion était qu'en Europe du Sud-Est, les choses vont être résolues par la consultation mutuelle. Un mois plus tard, j'ai reçu une lettre du ministre allemand des Affaires étrangères Klaus Kinkle et du ministre français des Affaires étrangères Hubert Vedrine, déclarant qu'ils étaient très préoccupés par les Albanais. Et puis, bien sûr, le BND [les services secrets allemands] a organisé la soi-disant UCK [KLA] en 1998. Ils ont commencé à tirer, à tuer des postiers, des forestiers ; ils ont lancé des bombes dans les cafés, près des marchés verts. Nous avons réagi comme n'importe quel État l'aurait fait. À l'été 1998, ils étaient partis, détruits. À ce moment-là, l'envoyé des Balkans] Richard Hollbrooke est venu ici pour insister pour que son personnel armé soit autorisé à entrer au Kosovo — en tant qu'observateurs, a-t-il dit : nous avons discuté. Nos discussions étaient frustrantes. Nous résolvions un problème un jour et Hollbrooke le rouvrait le lendemain. Je disais : "Mais nous avons résolu ce problème hier !". Et il répondait : "Instructions". Il voulait envoyer 20 000 soi-disant observateurs armés. Cela s'accompagnait de la menace que l'OTAN nous bombarde.

Nous avons essayé de minimiser les dégâts de ce chantage, de mobiliser l'opinion publique mondiale. Dans le même temps, nous avons réduit les exigences d'Holbrooke de 20 000 à 2000 personnes, et d'observateurs armés à des observateurs non armés. Il ne s'agissait donc pas d'une invasion armée pure et simple. Mais c'était quand même une atteinte à notre souveraineté. Ils ont mis un criminel, William Walker, en charge de leurs observateurs. C'est un homme qui a travaillé avec les escadrons de la mort au Salvador. Soi-disant diplomates, ses observateurs étaient surtout des agents de renseignements, derrière le vernis de la société privée américaine DynCorp. Comme Lockheed, DynCorp tire tout son argent de contrats gouvernementaux et militaires. Il s'agit d'une agence d'espionnage privée qui fournit des informations au Pentagone et à diverses autres agences du gouvernement américain.

Walker a créé Račak, le faux massacre, sur la base de son expertise du Salvador. Račak a ensuite été utilisé par Madeleine Albright pour justifier leur ultimatum de négociation à Rambouillet. On nous a dit : négociez ou soyez bombardés. Bien sûr, selon le droit international, aucun traité résultant de menaces n'est juridiquement contraignant. Mais ce n'était pas leur préoccupation. Nous avons décidé d'utiliser ces prétendues négociations pour illustrer notre position. *Notre délégation était un composite de nos groupes nationaux. Elle comprenait des Serbes de souche, des Albanais, des Goranis [musulmans slaves], des Roms ["gitans"] et des Turcs. La composition du Kosovo avant l'UCK [Armée de libération du Kosovo] a chassé la plupart d'entre eux. Entre-temps, le texte complet de l'"accord" de Rambouillet est apparu dans une publication albanaise trois jours avant même l'arrivée de notre délégation en France. Vous voyez ? Il avait été rédigé à l'avance. Nos délégués l'ont lu. L'un d'eux l'a montré aux Américains en disant : "Regardez, c'est mal fait. C'est de la merde. Et l'un des Américains a dit : "De quoi parlez-vous ? Il a été préparé par James O'Brien ! Un de nos meilleurs hommes ! Il a rédigé les documents complets pour l'autonomie du Tibet. Voilà ce que nous avons dû affronter. Et qu'en est-il de Clinton ? Il a dit que les Serbes étaient responsables de la Première et de la Seconde Guerre mondiale. Un journal israélien m'a demandé si la diabolisation des médias anti-serbes était une forme de génocide. Après tout, cette diabolisation a servi à justifier la guerre aérienne, qui consistait presque exclusivement à bombarder des civils, à détruire la vie normale, la vie d'un peuple.*

Les Serbes sont les seuls Européens à avoir été bombardés depuis la Seconde Guerre mondiale. 22 000 tonnes de bombes ont été larguées. Sans l'avalanche de mensonges des médias, les citoyens occidentaux ordinaires ne l'auraient jamais permis. La diabolisation était donc un élément crucial de la machine de guerre, limitant la protestation internationale. Elle faisait partie du génocide. Les habitants des pays de l'OTAN ne sont pas encore conscients qu'on leur a menti. Et ils n'ont pas conscience du tort que cela a causé à leurs sociétés. L'administration de Clinton a introduit des mensonges dans un appareil institutionnel apparemment démocratique, empêchant ainsi toute possibilité de démocratie. Comment les gens peuvent-ils faire des choix lorsqu'ils fondent leur réflexion sur des mensonges ?

La destruction de la Yougoslavie est la preuve matérielle que les États-Unis et d'autres forces sont engagés dans un nouveau colonialisme. Si leurs grands mots sur l'intégration mondiale étaient vrais, ils auraient préservé la Yougoslavie. Elle incarnait précisément cette intégration. Personne ne peut être contre l'intégration si elle est juste, si les gens sont traités de manière égale. Le nouveau colonialisme consiste à rendre la petite partie plus riche, la grande partie plus pauvre ; et à tuer les nations. Si vous perdez votre pays, votre indépendance et votre liberté, toutes les autres batailles sont perdues. Comment pouvez-vous organiser un pays pour la prospérité si vous n'avez pas de pays ? Si nous comprenons que nous sommes confrontés à un nouveau type de colonialisme, qui attaque la souveraineté nationale, nous pouvons rassembler toutes nos forces. La gauche a un jour compris cette idée, c'est pourquoi les forces impériales ont pénétré la gauche.

Or la gauche est souvent pire que la droite. En Allemagne, ils ont supprimé Kohl et mis en place Schroeder, qui fera tout pour les Américains. Gorbatchev était aussi un Américain. Il a détruit l'Union soviétique pour eux. Pendant des années, les Russes ont fonctionné comme s'ils étaient sous hypnose.

Les Américains ont réussi à les hypnotiser en leur faisant croire que leur économie dépend du FMI et de la Banque mondiale. Des centaines de milliards ont été retirés de la Russie ; la vie des gens ordinaires est détruite ; et ils perdent leur temps à négocier des prêts du FMI.

Considérez les possibilités. L'ensemble de l'Europe occidentale dépend de la production de gaz naturel. Pourquoi la Russie n'est-elle pas le grand fournisseur ? Elle le pourrait si les Russes avaient cette idée en tête au lieu de jouer à ce jeu de dupes qui consiste à s'en remettre au FMI. Regardez les modèles économiques que le FMI applique ! Kenneth Galbraith, l'économiste américain, a dit : "Si les Américains déployaient ces modèles économiques en Amérique, ils seraient détruits." La question pour les Russes est : quand allez-vous réaliser la nécessité et la possibilité d'être vos propres maîtres ? Il n'y a aucun moyen de jouer le jeu des Américains et de gagner. Les USA contrôlent l'ensemble du système bancaire international.

J'ai été attaqué pour tout. L'envoyé américain, Richard

Hollbrooke, m'a dit un jour : le gouvernement suisse va geler vos comptes. J'ai dit : "Pourquoi s'arrêter là ? Attendez un instant." J'ai écrit quelques mots et je lui ai donné le papier. "Tiens. Je vous ai cédé tous les avoirs de mes comptes à l'étranger. Vous pouvez garder chaque centime."

Il a été surpris. "Je peux ?" J'ai dit : "Oui ! Malheureusement, il n'y a pas de comptes." En général, dans le domaine bancaire, vous ne pouvez pas avoir des présidents de pays qui cachent de grandes quantités d'argent. C'est tout simplement absurde. Le but de tous les reportages sur le fait qu'ils n'ont pas encore trouvé mon argent est de donner aux gens la fausse impression qu'il y a quelque chose à chercher.

Un citoyen privé sur une chaîne de télévision serbe critiquait les médias, et en plein milieu, la chaîne a coupé le courant. Juste comme ça. L'écran est devenu noir. Cela montre à quel point ce régime DOS [installé par un coup d'État en octobre 2000] est inquiet face à la moindre pensée critique. Ils m'accusent d'avoir été un dictateur. C'est ridicule. Avant le coup d'État de la DOS, nous avions la démocratie. 95% des médias étaient privés et l'opposition en contrôlait la majeure partie. Au Kosovo, les Albanais avaient plus de 20 médias différents. Dans n'importe quel quartier, vous pouviez acheter un journal qui attaquait le gouvernement. Nous n'avions pas un seul prisonnier politique. Mais ce nouveau régime a promulgué des lois dites "d'amnistie", libérant des membres de l'UCK condamnés pour le meurtre d'enfants et autres. Ils appellent cela "la nouvelle liberté politique". J'appelle cela légaliser la terreur. Comment ma prétendue dictature s'est-elle manifestée ? Ibrahim Rugova, le leader sécessionniste albanais, pouvait tenir une conférence de presse à Belgrade. Il pouvait se promener librement, déjeuner, et tout critiquer. Et il l'a fait. Personne ne l'a dérangé.

Ils m'ont accusé d'être derrière une série de meurtres qui ont eu lieu avant le coup d'État. Le ministre de la Défense a été tué. Le Premier ministre de la province de Vojvodina a été tué. Le secrétaire général de la Gauche yougoslave, le vice-ministre de l'Intérieur de Serbie, le directeur général de

Yugoslav Airlines, un de mes amis depuis le gymnase, a été tué. C'était des gens avec qui je travaillais, des amis. Aucun leader de l'opposition n'a été tué. Donc, je tuais mes amis et j'épargnais mes ennemis. Une stratégie unique.

Quand un crime se produit, ne devrait-on pas se demander : Qui bono ? N'est-il pas évident que ces meurtres ont été perpétrés au profit de nos adversaires étrangers ? Qu'ils étaient une tentative d'intimidation des hommes et des femmes de notre gouvernement ? Mais les médias contrôlés par l'Occident disent que je suis responsable.

Les médias d'opposition ont diabolisé notre gouvernement, ma famille et moi de toutes les manières possibles. Ils ont accusé mon fils d'être un criminel. La télévision a mélangé ces calomnies avec des programmes importés d'Amérique ; des images flashy, séduisantes surtout pour les jeunes. Ils font cela dans le monde entier. C'est une attaque culturelle.

Bien sûr, cela a eu un certain effet. Les gens de notre pays ne sont pas habitués aux techniques publicitaires basées sur la répétition de fausses images. L'opposition a appris ces techniques des États-Unis et d'autres pays de l'OTAN. J'ai utilisé le terme "opposition", mais en fait, nous n'avions pas d'opposition. Nous avions une Cinquième Colonne. Elle était payée des sommes énormes par les gens qui nous bombardaient.

Cela a été ouvertement admis. Et cette cinquième colonne, qui occupe aujourd'hui des postes gouvernementaux, est allée jusqu'à accepter de coopérer avec le tribunal de La Haye, un faux tribunal créé dans le cadre du génocide contre les Serbes. De temps en temps, ils arrêtent un fondamentaliste islamique ou un fasciste croate, afin d'assurer l'équilibre. Mais le but est de détruire ceux qui soutiennent la Yougoslavie, qui défendent la Serbie, de laisser les gens ordinaires vulnérables aux attaques et de faire croire au monde que la résistance est impossible.

La semaine dernière, les autorités actuelles de Belgrade ont expédié leur première victime à La Haye. Il s'agit d'un Serbe de Bosnie, actif dans le domaine des réfugiés. Et nous assistons à une justice de type La Haye à Belgrade également. Les autorités actuelles ont arrêté Dragoljub Milanovic, le directeur de la RTS [la télévision d'État].

Voici comment cela s'est passé. En janvier, le procureur de La Haye, Carla del Ponte, est venue à Belgrade. Elle nous a accusés, Dragoljub Milanovic et moi, de meurtre. Pourquoi ? Parce que le 23 avril 1999, l'OTAN a bombardé la RTS, tuant 16 personnes dans l'un de ses bombardements les plus cruels. Et, disait-elle, l'OTAN avait clairement indiqué qu'elle bombarderait ; donc, selon sa logique folle, nous étions responsables. Le 8 avril, des responsables français ont effectivement menacé de bombarder la RTS. Le 9, nous avons entouré la chaîne de télévision d'un bouclier humain, journalistes, directeurs, fonctionnaires, tous ensemble, bras liés. Les citoyens serbes faisaient de même sur les ponts et dans les usines, partout.

Ensuite, Wesley Clark a semblé retirer la menace, mais dans tous les cas, que devions-nous faire ? Ne pas aller au travail ? Les employés ont occupé notre plus grande usine automobile et ont écrit une lettre appelant l'OTAN à ne pas bombarder. L'OTAN a quand même bombardé, tuant et blessant des dizaines de personnes. Les victimes étaient-elles coupables ? M. Milanovic a travaillé à la RTS tout le mois et aurait pu être tué lui aussi. Cela l'aurait-il rendu responsable de 17 morts, au lieu de 16 ? Bien sûr, Carla del Ponte travaille pour l'OTAN, pour les bombardiers. Et les nouvelles autorités de Belgrade qui ont effectivement arrêté Dragoljub Milanovic pour cette accusation insensée, ces personnes travaillent également pour l'OTAN. Crimes de guerre — qui est coupable ?

Il y a eu des crimes de guerre au Kosovo. Mais par qui ? Par les terroristes, qui ont commis des atrocités comme une évidence ; par l'OTAN, qui n'a jamais fait de mal à nos militaires ? Ils ont bombardé nos maisons. Ils ont largué des bombes à fragmentation sur nos marchés verts. Des bombes enrobées d'uranium. Ce sont des crimes de guerre. Et ils sont coupables du plus grand crime de tous : ils ont lancé une guerre illégale et agressive. Leurs actions maintenant, tout ce qu'ils font, sont destinées à cacher la responsabilité criminelle de Clinton, Albright, Blair, Schroeder, Solana, tous les autres.

Ce sont les pires criminels de guerre. Mais ils m'accusent. Ils disent que j'ai ordonné le massacre des Albanais au Kosovo. Et pour le prouver, ils ont envoyé des experts médico-légaux dans tout le Kosovo, à la recherche d'atrocités. C'était un effort de propagande, pas une enquête scientifique. C'était du théâtre — pour les médias. Chaque étape franchie par ces experts était rapportée : ils recherchent les corps ; ils vont bientôt les déterrer ; ils ont trouvé une chaussure ; et ainsi de suite.

Avec tout cela, les gens ont dû se dire : il doit y avoir des crimes graves ici. La nouvelle qu'ils cherchaient était une grande nouvelle, mais la nouvelle qu'ils n'avaient rien trouvé — c'était une toute petite nouvelle. Je pense que de nombreuses personnes dans vos pays croient encore que nous avons commis un génocide contre les Albanais au Kosovo.

Fin mai 1999, les Russes nous ont proposé le plan de paix dit "Eltsine". Ce plan était bon. Puis il semble que les Russes aient rencontré les Américains en Finlande, et lorsque l'envoyé russe, Victor Tchernomyrdine, est arrivé à Belgrade, le plan était totalement différent. Il était dit que le Kosovo resterait une partie de la Yougoslavie, mais le plan prévoyait également le retrait total des forces yougoslaves et l'occupation par l'ONU. Nous avons demandé comment nous pouvions savoir que cela ne se transformerait pas en occupation de l'OTAN et en terreur de l'UCK. Tchernomyrdine nous a juré que nos frères russes ne le permettraient pas.

Que devions-nous faire ? D'une part, l'administration russe avait promis de ne pas laisser l'OTAN prendre le dessus. D'autre part, il y avait une menace claire. L'OTAN avait commencé à bombarder le Kosovo.

Si nous n'acceptions pas, les Russes nous ont clairement fait comprendre qu'ils retireraient leur soutien et que nous serions condamnés dans les médias internationaux comme

JOHN COLEMAN

des bellicistes qui n'accepteraient même pas un plan de paix de nos frères russes. Nous avons donc accepté de signer. Les dirigeants de notre gouvernement en ont discuté, puis le Parlement en a débattu et a voté la signature de l'accord.

Après le coup d'État du 5 octobre, j'ai démissionné de la présidence. Je n'étais pas obligé de le faire. Nous aurions pu monter une contre-attaque. Mais notre gouvernement a discuté de la situation. Nous pensions que les puissances étrangères voulaient provoquer un bain de sang. Leur idée était la suivante : nous résisterions fermement ; leur cinquième colonne organiserait de violentes provocations ; nous agirions pour préserver l'ordre ; puis leurs agents mettraient en scène des incidents meurtriers pour les caméras, nous accusant pour donner l'impression d'une répression impitoyable. Ensuite, sous couvert de se défendre, ils pourraient mettre en œuvre une solution chilienne, soutenue par des forces extérieures.

En outre, de nombreuses personnes ordinaires étaient à l'époque trompées par les médias de la DOS, par la diabolisation de notre gouvernement et par de nombreuses fausses promesses, apparemment étayées par des images de la télévision occidentale, des images séduisantes de richesse. Nous pensions que l'OTAN voulait provoquer une guerre civile, un bain de sang et laisser les Serbes s'entretuer. Créer un prétexte pour une intervention. Nous avons une expérience directe de la guerre. Les pertes ne peuvent être remplacées. Donc si possible, il vaut mieux lutter dans la sphère politique. J'ai donc démissionné. Cela a pris les Américains par surprise. On m'a dit que [la secrétaire d'État américaine Madeleine] Albright a appelé Steven Erlanger du NY Times le 6 octobre, très contrarié. "Est-il possible qu'il ait démissionné ?" Elle ne pouvait pas le croire. Cela a gâché leurs plans.

Pensez-vous que les problèmes économiques actuels sont dus à l'incompétence des nouvelles autorités ou qu'ils ont été délibérément créés ? L'économie a été ruinée.

Les managers compétents ont été chassés par la violence ou les menaces. Ils ont été remplacés par des personnes incompétentes, mais qui font ce que les autorités leur disent. Et que leur disent-elles ? De paralyser l'économie et de mettre en faillite des industries entières afin qu'elles puissent être vendues pour des clopinettes à leurs patrons en Occident. Ce n'est pas comme le colonialisme à l'ancienne. Les étrangers mettent leurs mandataires au pouvoir et se contentent de dépouiller le pays, de détruire la capacité de production locale, puis de déverser leur camelote. Au cours du premier hiver qui a suivi les bombardements de l'OTAN [c'est-à-dire l'hiver 1999-2000], nous n'avions aucune restriction sur le chauffage. C'était un hiver féroce. L'hiver suivant a été doux, mais les nouveaux soi-disant démocrates — Milosevic fait référence à l'opposition "démocratique" de Serbie, qui a pris le pouvoir par un coup d'État le 5 octobre 2000, avec toutes ses promesses que l'Occident ferait ceci et cela — qu'ont-ils obtenu ? Des pénuries d'électricité constantes, et n'oubliez pas que nous nous chauffons principalement à l'électricité. »

Il y a bien d'autres choses dans cette déclaration, mais les points saillants ont été inclus ici, dans laquelle le défunt président Milosevic donne un excellent compte rendu des méthodes utilisées par le Nouvel Ordre Mondial et indique clairement que l'attaque contre la Serbie faisait partie intégrante de l'avancement du Nouvel Ordre Mondial. Son compte rendu d'une clarté saisissante sur la malhonnêteté de Clinton, Hollbrooke et Albright et sur la conduite traître du général Wesley Clark fait froid dans le dos, car ce que nous voyons sur papier est le véritable modus operandi qui sera utilisé dans toutes les conquêtes futures d'États-nations récalcitrants.

La guerre contre la Yougoslavie est le modèle des guerres qui seront menées, au-delà de la conspiration, pour et au nom du nouvel ordre mondial, dans lequel les États-Unis continueront à jouer le rôle principal.

Chapitre 10

Les dictatures apparaissent rarement comme telles

L es dictatures naissent souvent sous une autre forme et portent rarement l'uniforme complet de la répression. Felix Dzerjinski avait l'habitude de se promener dans Moscou en ressemblant à un paysan russe de la campagne, avec une vieille casquette étroite mal ajustée, coincée sur l'arrière de sa tête. De là, il est passé à un vieux modèle de Rolls-Royce pour rôder dans les rues de Moscou. Les noyaux de la redoutable police secrète de Staline ont commencé à se former en 1905, après la guerre russo-japonaise. Les horribles bolcheviks ne sont pas "arrivés" soudainement en 1917.

Lorsque Jules César a franchi le Rubicon entre l'autorité civile et l'autorité militaire avec une légion romaine, la tradition qui protégeait le gouvernement civil contre les généraux victorieux imbus de leur pouvoir a été rompue, et ce fut le début du changement radical de la République romaine en Empire romain.

Les similitudes entre les événements que je viens d'évoquer et l'actuelle administration Bush sont assez faciles à repérer, notamment en ce qui concerne les énormes dépenses militaires. Nos Pères fondateurs nous avaient mis en garde contre une armée permanente qui finirait par devenir une menace pour notre liberté.

Lisez les mots de St George Tucker :

> "Chaque fois que des armées permanentes sont maintenues, les droits du peuple, la liberté, s'ils ne sont pas déjà anéantis, sont sur le point de l'être."

En tout premier lieu, la plus haute loi du pays, la Constitution des États-Unis, est violée par la présence d'une importante force armée américaine en Irak, où elle n'a aucune autorité légale pour se trouver en vertu de la Constitution des États-Unis ou du droit international. Craignant que César ne devienne un roi et que l'État de droit ne soit compromis (cela vous semble-t-il familier ?), le Sénat n'approuvant pas les changements radicaux promulgués par César l'assassine. Dans les guerres civiles qui suivirent, le petit-neveu de César, Octave, devint le premier empereur romain, César Auguste. Les pères fondateurs de l'Amérique étaient des hommes érudits. Ils connaissaient l'histoire grecque et romaine et souhaitaient éviter que l'histoire ne se répète dans la nouvelle jeune nation.

Dès le début de notre République, des anarchistes constitutionnels travaillant en secret se sont fixé pour objectif de détruire la loi suprême du pays, la Constitution des États-Unis et la Déclaration des droits. Ce faisant, ils ont essayé de pervertir le principe selon lequel la Constitution est la plus haute loi du pays et que la Constitution seule, sous la forme dans laquelle elle a été rédigée, est la seule façon pour un gouvernement juste et honnête de perdurer. Les paroles de l'honorable Hannis Taylor devraient être gravées dans le marbre et être notées avec soin et préoccupation :

> "Votre pétitionnaire affirme que l'histoire de notre Constitution, prise dans son ensemble, est constituée d'une série d'efforts pour l'éluder chaque fois que ses dispositions deviennent gênantes pour une classe particulière à un moment donné."

Hannis Taylor avait adressé une pétition au Sénat pour mettre fin à l'abus de pouvoir flagrant du président Wilson et à la violation de son serment en conscrivant la milice pour combattre lors de la Première Guerre mondiale, ce qu'il n'était en aucun cas habilité à faire. S'il était vivant aujourd'hui, Taylor aurait certainement déposé une nouvelle pétition :

> "La pétition que nous présentons à la cour du peuple des États-Unis indique que jamais dans notre histoire notre nation

n'a été en plus grand danger qu'aujourd'hui en 2006, en raison de la destruction délibérée de la Constitution des États-Unis. La montée au pouvoir du parti républicain de la guerre et de son leader nommé à la Cour suprême, le magistrat George Bush, a été rapide et s'avère être un désastre absolu pour la nation américaine. Les deux partis politiques ont uni leurs forces dans une collusion visant à faire échouer la Constitution."

Woodrow Wilson, un socialiste se faisant passer pour un démocrate, était l'un des pires d'une lignée de non-constitutionnalistes qui ont jusqu'à présent occupé la Maison-Blanche. Il a détruit le système douanier, entraîné les États-Unis dans la Première Guerre mondiale et s'est octroyé des pouvoirs que l'exécutif n'était pas censé avoir. Wilson a mis la nation américaine sur la voie de la dictature qui n'a mis que quelques décennies à évoluer vers la réalité actuelle. Et le parti républicain (à l'exception de Bob La Follette) a largement aidé et encouragé Wilson dans ses crimes horribles contre la nation, le moindre n'étant pas d'ouvrir la porte au socialisme international.

Hitler a laissé se produire l'incendie du Reichstag afin de générer une crise. Les pouvoirs judiciaire et législatif du gouvernement se sont effondrés, ouvrant la porte au règne par décret. Les décrets d'Hitler sont ainsi devenus des lois. Le peuple allemand a accepté ce règne dictatorial en raison du climat de crise et de terreur qui avait été créé. Le décret pour la protection du peuple et de l'État (28 février 1933) suspend les garanties de liberté individuelle et permet l'arrestation et l'incarcération sans procès. La loi d'habilitation (23 mars 1933) a transféré le pouvoir législatif à Hitler, l'habilitant ainsi à décréter des lois (proclamations, maintenant appelées ordres exécutifs) qui sont d'ailleurs maintenant largement en vigueur aux États-Unis et qui s'écartent de la Constitution, la rendant ainsi sans effet.

Les bolcheviks étaient dix mille fois pires. Ils ne faisaient pas semblant d'avoir de bonnes intentions. Ils ont conspiré ouvertement pour priver la Russie de son statut d'État-nation et la faire tomber. Grâce à la Grande-Bretagne et aux États-Unis, la prise de pouvoir des bolcheviks par une révolution sanglante a été couronnée de succès, et ils ont ouvertement commis les pires atrocités jamais vues jusqu'alors, sachant qu'ils avaient l'approbation tacite des États-Unis et de la Grande-Bretagne. Les révolutionnaires bolcheviks ont pris le pouvoir absolu, et leur pouvoir est devenu tyrannique. Cela reste l'un des meilleurs exemples de ce que H.G. Wells appelait "la conspiration ouverte".

La Constitution des États-Unis interdit le pouvoir absolu. La Constitution américaine définit le pouvoir absolu comme "le pouvoir arbitraire". Elle interdit l'exercice d'un pouvoir arbitraire et condamne les soi-disant "lois" telles que le Patriot Act, qui établit des tribunaux secrets et des agences consacrées à l'espionnage massif du peuple. Les États-Unis d'aujourd'hui sont-ils proches de la condition de l'URSS en 1931 ? La réponse est affirmative. L'Empire romain n'était fondé sur aucune idéologie. Il était basé sur le pouvoir nu. Et chaque fois que le peuple romain s'alarmait de cette situation, l'armée déclenchait des guerres pour sa "sûreté et sa sécurité", ce qui permettait à la population de rester tranquille, croyant à tort que ce que l'armée romaine faisait était pour le bien des citoyens de Rome. La conduite de l'administration Bush n'est-elle pas une parfaite superposition de l'Empire romain ?

Les maîtres de la Révolution française ont déclaré qu'elle était fondée sur la liberté, la fraternité et l'égalité, mais elle s'est rapidement transformée en un régime totalitaire (sous le couvert de la démocratie populaire) accompagné d'une violence institutionnelle et d'un règne par décret. La dictature d'Hitler était en grande partie personnelle et fondée sur un programme élaboré dans les loges occultes de l'organisation maçonnique de la Société de Thulé.

La dictature issue de la révolution bolchevique était fondée sur un type d'idéologie simpliste ; l'idéologie d'un gouvernement dictatorial que Lénine a déclaré être la dictature du parti communiste sur le peuple russe. Lénine a dit :

"... Qui repose directement sur la force, sans être limitée par quoi que ce soit, sans être restreinte par aucune loi ni aucune règle morale absolue."

Les personnes pensantes aux États-Unis aujourd'hui ne peuvent-elles pas voir la similitude entre les bolcheviks et le parti républicain fortement infiltré d'aujourd'hui ? La dictature du parti communiste gouvernait par la seule coercition, sans aucune limitation ou inhibition, en utilisant des tribunaux secrets, des procès secrets, des tortures secrètes, des prisons et des exécutions secrètes, avec un appareil d'État massif pour maintenir le peuple dans la peur et le tremblement et sans oser remettre en question le nouveau règne de la terreur. Pourtant, Wilson a applaudi les bolcheviks et a déclaré que "quelque chose de merveilleux (ou des termes similaires) s'est produit en Russie."

Wilson pouvait dire cela parce qu'il était un socialiste profondément engagé qui avait été mis au pouvoir pour détruire la Constitution américaine afin d'introduire le socialisme aux États-Unis, un objectif que tous les présidents successifs se sont efforcés de poursuivre. En outre, selon toute vraisemblance, Wilson voyait en la Russie un modèle pour les futurs États-Unis d'Amérique.

Comme Wilson, Franklin D. Roosevelt était un socialiste à peine dissimulé. Son ascension au pouvoir s'est faite grâce à la situation artificielle que lui et son cabinet ont planifiée à Pearl Harbor. Pearl Harbor ne s'est pas contenté de détruire des vies et des biens, il a donné à Roosevelt une *excuse*, une licence *pour* saccager la Constitution des États-Unis à un point tel qu'elle ne pouvait plus être réparée, et il l'a fait avec la complicité (à quelques exceptions notables près) des hommes des partis démocrate et républicain. Roosevelt a fusionné la séparation des pouvoirs dans sa déclaration bidon de "guerre contre la pauvreté" jusqu'à ce qu'aujourd'hui, cette pierre angulaire de la Constitution soit tellement minée que toute la Constitution est prête à tomber.

La fusion des pouvoirs a été mise en *évidence* avec le faux, le *bidon* "War Powers Act". Nous avons vu des versions du même "pouvoir" bidon être "transféré" au magistrat depuis l'invasion de l'Irak en 1991, par un Congrès doux et docile alors que le

Congrès savait qu'il ne pouvait pas faire une telle chose. Les pouvoirs de guerre et de paix sont dévolus uniquement au Congrès, mais Roosevelt s'est mis au travail avec son boulet de démolition et a finalement réussi à faire tomber cette barrière. Il n'y a aucune habilitation, explicite ou implicite, dans la Constitution américaine qui permettrait la création de la CIA, du FBI, de la NSA, du NRO, de l'ATF ; de la FISA, du "Gang des Huit" : "Gang of Four" : tribunaux secrets, budgets secrets, réunions à huis clos, prisons secrètes et chambres de torture secrètes.

La Constitution américaine ne prévoit aucun pouvoir appelé "ordre exécutif", car un "ordre exécutif" équivaut à légiférer et il est absolument interdit au pouvoir exécutif de légiférer.

Le magistrat — qui est un titre plus correct que celui de "Président" — est là pour faire respecter les lois adoptées par la législature et rien d'autre. Tous les ordres exécutifs sont faux, sauf ceux qui ont d'abord été débattus par le corps législatif, qui ont été adoptés par le Congrès et qui ont ensuite été remis au président pour qu'il les annonce comme un acte du Congrès, et non comme un acte du président. Il n'y a aucun pouvoir dans la Constitution des États-Unis, exprimé ou implicite, qui donne au gouvernement des pouvoirs autres que ceux énumérés dans les pouvoirs délégués, Article I Section 8 Clauses 1-18 ; et nulle part le pouvoir de faire la guerre ou la paix n'est donné à l'exécutif, et le gouvernement ou une de ses branches ou un de ses représentants officiels n'a aucun pouvoir de modifier ou de suspendre la Constitution, sauf par un amendement constitutionnel soumis aux États pour ratification.

Même dans ce cas, il ne s'agirait pas d'un "amendement", mais d'une loi visant à établir une nouvelle Constitution. Mais Roosevelt a ignoré ces restrictions et s'est octroyé des "pouvoirs de guerre", et les républicains, à quelques exceptions notables près, ont suivi cette prise de pouvoir.

Aujourd'hui, nous avons le président Bush qui prétend avoir des "pouvoirs de guerre qui lui ont été accordés par le Congrès" et il a entrepris de créer des agences qui ont radicalement modifié la forme de la Constitution et déchiré les mesures de protection qu'elle garantit. Et les démocrates, dans l'ensemble (le sénateur Joseph Lieberman est un bon exemple de l'un d'entre eux), ont suivi le magistrat de la Maison-Blanche.

Les partis républicain et démocrate utilisent tous deux le subterfuge des "ordres exécutifs" pour contourner les restrictions de la Constitution des États-Unis.

Les deux partis menacent ainsi l'amendement 10 et, par leurs actions, menacent également l'État de l'Union lui-même, car un ordre exécutif est une menace des deux partis de dissoudre la forme républicaine de gouvernement garantie par les auteurs de la Constitution aux différents États et codifiée dans le 10ème amendement de la Constitution des États-Unis.

Constitution des États-Unis — Amendement 10
Pouvoirs de l'État et du peuple

Les pouvoirs qui ne sont pas délégués aux États-Unis par la Constitution, ni interdits par elle aux États, sont réservés aux États respectivement, ou au peuple.

Un "ordre exécutif" (la même chose que les décrets de Lénine et de Staline) détruit cette garantie en détruisant le 10ème amendement en fait et en acte, le rendant nul et sans effet.

En vertu de cette attaque directe contre les droits des États garantis aux États par les Pères fondateurs, les États ont tout à fait le droit de faire sécession dans des conditions perpétrées par le Congrès ; en fait, c'est leur devoir de faire sécession de l'Union. Roosevelt, le dictateur socialiste et démocrate, a été en mesure de subvertir la Cour suprême et de ramener les États-Unis au niveau de la Russie bolchevique. Les Républicains ont permis que cela se produise, encore une fois, à quelques exceptions notables près.

Sénateur Schell, Congressional Record, Sénat :

> *Depuis Wilson, il y a eu une lutte constante pour nous*

ramener au niveau de l'Europe. Le même personnel qu'à l'époque de Wilson, la même équipe de démolition qui nous a fait entrer en guerre et nous a ruinés, est maintenant aux commandes (dans le cabinet de Roosevelt).

La première expérience "noble" du président lorsqu'il est entré en fonction a été de chercher un moyen de trouver quelque chose qu'il n'était pas autorisé à faire, de chercher un moyen secret de faire passer quelque chose. L'occasion s'est présentée lorsque Florence Kelly lui a remis le livre des socialistes fabiens, "A New Deal".

Tout cela ne vous semble-t-il pas très familier ? Quelle est la différence entre la "guerre contre la pauvreté" imaginaire de Roosevelt, créée par son procureur général, et la "guerre contre le terrorisme" bidon imposée au peuple américain par le roi George Bush, le prince Richard Cheney et l'ex-grand-duc Donald Rumsfeld ? En bref, il n'y a aucune différence. Une fraude a été perpétrée sur le peuple américain en 1933 et une fraude a été perpétrée sur le peuple américain pour la deuxième fois en 2001.

Chapitre 11

Dissolution du pacte

Au cours des sept premières années du 21ème siècle, les États-Unis ont claironné haut et fort qu'ils étaient un pays de démocratie, de liberté civile et de justice pour tous. Mais est-ce bien le cas ? Tout d'abord, nos Pères fondateurs ont déclaré qu'ils ne voulaient pas avoir affaire à une démocratie et ont donc établi les États-Unis en tant que République.

L'un des principaux détracteurs parmi les délégués à la Convention, le gouverneur Randolph de Virginie, exprime son inquiétude à l'égard de la démocratie :

> *Notre principal danger vient des partis démocratiques de nos constitutions... Aucune des constitutions n'a fourni de freins suffisants à la démocratie... Les maux que nous connaissons découlent de l'excès de démocratie... le peuple ne manquait pas de vertu, mais était la dupe de prétendus patriotes.*

Si l'on examine de plus près le système d'espionnage massif Echelon utilisé par une organisation anticonstitutionnelle, la National Security Agency (NSA), pour espionner les citoyens américains d'une manière qui dépasse de loin tout ce qu'ont pu faire Lénine et Staline, on se rend vite compte que les États-Unis ont en fait créé une véritable dictature naissante. Et le plus horrible, c'est que les démocrates et les républicains ont suivi le mouvement sans un murmure de protestation. L'idéologie joue-t-elle un rôle dans la dictature américaine naissante ? Catégoriquement, non. La disparition de la République américaine est en grande partie liée à l'évolution de l'histoire. Lincoln a été le premier dictateur américain. Cela semble dur, mais il y a des preuves solides à l'appui. Lincoln a justifié sa dictature au nom de la préservation de l'Union. Ses méthodes extra-légales et extra-constitutionnelles (comme la suspension de l'habeas corpus et l'imposition de la loi martiale) ont été tolérées afin de supprimer l'opposition du Nord à la guerre de Lincoln contre la sécession du Sud, acte de sécession qui était légal et constitutionnel.

Les États du Sud avaient tout à fait le droit et même le devoir de faire sécession de l'Union, car Lincoln avait violé le 10ème Amendement qui leur garantissait une forme républicaine de gouvernement au moment de l'Union. Et Lincoln a menti en qualifiant la tentative de sécession de rébellion. Cela lui a permis de faire appel à la milice et de "suspendre" l'habeas corpus. Ne voyons-nous pas un écho à cela dans les mensonges racontés sur les "armes de destruction massive" inexistantes de l'Irak et dans la masse de lois arbitraires empilées les unes sur les autres, qui ont toutes arraché tout vestige de protection autrefois offert par la Constitution des États-Unis ? Si nous restons incapables de voir cela, alors que Dieu vienne en aide le peuple américain.

La première attaque majeure contre la Constitution des États-Unis après Lincoln est venue du magistrat Wilson qui s'est arrogé dix pouvoirs qu'il n'avait pas le droit de prendre. Là encore, les républicains l'ont laissé faire et ont même soutenu sa déclaration de guerre contre l'Allemagne alors que plus de 87% du peuple américain s'y opposait.

L'attaque contre la séparation des pouvoirs, qui est la pierre angulaire de notre système politique, est apparue avec la réponse de l'administration Roosevelt à la crise de la Grande Dépression. Le "New Deal" (tiré d'un livre socialiste fabien portant le même titre et présenté dans mon livre, One *World Order Socialist Dictatorship*)[6] a abouti à la délégation par le Congrès de ses pouvoirs législatifs à la branche exécutive, en totale abrogation de la Constitution. Aujourd'hui, lorsque le Congrès approuve une loi, ce n'est guère plus qu'une autorisation pour une agence du

---

[6] *La dictature de l'Ordre Mondial socialiste*, John Coleman, Omnia Veritas Ltd, www.omnia-veritas.com.

pouvoir exécutif de faire la loi en rédigeant les règlements qui sont ensuite mis en œuvre par de fausses proclamations, appelées "ordres exécutifs".

Toutes les lois doivent être explicites, rédigées avec rigueur et clairement définies. Jusqu'à l'avènement du *New Deal*, la législation était rédigée de manière stricte afin d'empêcher les juges d'insérer leurs prédilections entre les lignes de la Constitution, ce qui a été concrétisé par le 9ème Amendement à la Constitution des États-Unis, qui est une restriction à l'égard des présidents et/ou des juges exprimant leurs propres idées comme si elles étaient dans la Constitution. En d'autres termes, aucune "compréhension" de l'exécutif conduisant à une altération n'était tolérée, à juste titre, et on ne trouve pas de telles "déclarations de signature" illégales dans la Constitution.

Le pouvoir exécutif est là pour faire respecter la loi, pas pour l'interpréter. L'Agence Nationale de Sécurité (NSA) est un exemple dangereux de ce qui se passe lorsque le 10ème Amendement est bafoué.

Ce n'est pas de cette façon qu'une République est censée être dirigée. En "permettant" aux ordres exécutifs de devenir des lois, la loi n'est plus responsable devant le peuple. Si le magistrat qui fait appliquer la loi écrit également la loi, alors on se moque de "tous les pouvoirs législatifs étant dévolus aux représentants élus au Congrès."

Le peuple, le souverain, est alors privé de ses droits, sa Constitution est violée et la séparation des pouvoirs est violée. N'est-ce pas là une raison pour les États qui sont violés par les soi-disant "ordres exécutifs" de faire sécession de l'Union ? Il n'y a aucun doute que c'est bien le cas.

Je prétends qu'il s'agit d'une cause principale pour la sécession de l'Union. Le principe selon lequel le pouvoir délégué au Congrès par le peuple ne peut être délégué par le Congrès au pouvoir exécutif est le point d'ancrage de la République américaine et de sa Constitution.

Jusqu'à ce que le président Lincoln renverse ce principe, le pouvoir exécutif n'avait absolument aucun rôle dans l'interprétation de la loi et dans la création de ses propres agences pour faire appliquer cette interprétation. C'est exactement ce sur quoi reposait l'Empire romain et pourquoi il s'est effondré. Les États-Unis suivront le même chemin à moins que cette gangrène ne soit rapidement stoppée.

Le juge John Marshall Harlan a écrit :

> Le fait que le Congrès ne puisse pas déléguer le pouvoir législatif au président est un principe universellement reconnu comme vital pour l'intégrité et le maintien du système de gouvernement ordonné par la Constitution.

Sept décennies d'une présidence impériale qui a été ordonnée pour n'être rien de plus qu'une simple magistrature, commencée avec le président socialiste Wilson qui a violé la séparation des pouvoirs, ont détruit cette intégrité, jusqu'à ce qu'aujourd'hui le parti républicain de la guerre et ses avocats continuent à écrire des "opinions" pour un président impérial, déterminé à concentrer plus de pouvoir dans l'exécutif, peu importe l'inconstitutionnalité flagrante. Ce sont eux qui ont dit au magistrat de se référer constamment à lui-même en tant que "commandant en chef", de se créer des pouvoirs inexistants, — et le Congrès a laissé la gangrène se répandre sans aucune tentative de la contrôler. La NSA est le résultat d'une présidence impériale, tout comme elle a été le résultat de l'Empire romain transformé sous César. La volonté déterminée d'élargir les pouvoirs du président est antérieure à l'administration Bush, et elle est alimentée à un degré dangereux au cours du second mandat du président G.W. Bush, en 2007.

La confirmation du candidat de Bush, Samuel Alito, membre de la Société fédéraliste, à la Cour suprême, et partisan confirmé de la fusion des pouvoirs en faveur du magistrat au détriment du Congrès, fournira cinq voix en faveur d'une prise de pouvoir présidentielle dangereusement élargie qui conduira à l'établissement d'une dictature à part entière aux États-Unis.

Le président Bush a utilisé des centaines de fois des "déclarations de signature" pour modifier le sens des lois adoptées par le

Congrès. L'origine de ce pouvoir est claire. Il est né de la perversion de la Constitution qui a commencé avec Lincoln, qui a été étendue sous Wilson et encore plus pervertie sous Roosevelt.

Par exemple, Bush a affirmé qu'il avait le pouvoir d'ignorer l'amendement McCain contre la torture, d'ignorer la loi qui exige un mandat pour espionner les Américains, d'ignorer l'interdiction de la détention indéfinie sans inculpation ni procès et d'ignorer les conventions de Genève dont les États-Unis sont signataires. Il prétend également qu'il peut déclarer la guerre et l'espionnage domestique dans le cadre de cette guerre. Bush revendique les pouvoirs qui ont été saisis par Wilson.

Ses apologistes de la Federalist Society et les personnes nommées au ministère de la Justice prétendent que le président Bush a le même pouvoir d'interprétation de la Constitution que la Cour suprême. D'où tirent-ils cette affirmation ? Certainement pas de la Constitution des États-Unis, qui stipule clairement que le pouvoir exécutif n'est rien de plus qu'un simple magistrat chargé de faire respecter les lois adoptées par le pouvoir législatif. Le général Lee a dit un jour que le président n'était rien de plus qu'un magistrat qui devait exécuter les ordres du Congrès. Il n'y a pas d'égalité ici entre le président et le Congrès.

Une Cour suprême au sein de laquelle siège Alito est susceptible de donner son assentiment à de telles affirmations sans fondement et fausses. Il n'y a pas de plus grand danger pour la République des États-Unis que cette question, pas même le désordre que nous avons créé en Irak. C'est la question la plus cruciale pour le peuple, peut-être au même niveau de crise que la guerre civile. Mais le peuple est en état de choc, grâce à l'Institut Tavistock et aux chacals des médias, qui ont relégué le rôle d'Alto au second plan par les subterfuges des batailles politiques sur l'avortement et les droits des homosexuels.

Beaucoup de gens soutiennent Bush — et c'est particulièrement vrai de la droite chrétienne — parce qu'ils croient qu'ils luttent contre la légitimation de la sodomie et du meurtre dans l'utérus, et qu'en soutenant le président Bush qui, selon eux, s'oppose au monde musulman et aux "libéraux", ils "font ce qu'il faut". Ils se trompent lourdement lorsqu'ils se réveillent dans le Nouvel Ordre Mondial — un gouvernement mondial.

La majorité du peuple américain ignore que le véritable enjeu n'est pas la soi-disant "guerre contre le terrorisme" (qui est aussi frauduleuse que la "guerre contre la pauvreté" de Roosevelt), mais la guerre contre les hommes maléfiques qui ont pour objectif de détruire la Constitution parce qu'elle s'oppose à leurs plans pour l'instauration d'un nouvel ordre mondial.

La majorité du peuple américain ignore totalement que ces hommes sont sur le point d'élever l'exécutif au-dessus du législatif et des tribunaux. Leur président serait au-dessus de la loi. John Yoo, fonctionnaire du ministère de la Justice de Bush et professeur de droit à Berkeley, soutient qu'aucune loi ne peut restreindre le président dans son rôle de commandant en chef. Ainsi, une fois en guerre (ce qui n'est pas le cas) — et ils déclarent que le miasme en Irak est une "guerre ouverte contre le terrorisme" (bien que la guerre ouverte soit interdite par la Constitution puisqu'aucune guerre ne peut être financée pendant plus de deux ans), ils soutiennent que Bush ne peut être soumis à aucun contrôle en tant que "commandant en chef". Je dis que John Yoo est dépassé par les événements et qu'il ne connaît pas la Constitution. Le département de la justice de Bush dit que le président est libre d'entreprendre n'importe quelle action dans la poursuite de la guerre, y compris la torture, l'espionnage indéfini, et la détention de citoyens américains sans que les contraintes judiciaires "interfèrent" avec ses décisions.

Le commandant en chef est un rôle suffisamment "large pour s'étendre à toute crise", qu'elle soit réelle ou artificielle. Le fait que le ministère de la Justice et ses avocats fédéralistes se trompent à 100% et que le président n'est pas et ne peut pas être le commandant en chef en temps de paix (le statut actuel du pays) et que, par conséquent, le titre ne peut pas lui être conféré et que, même s'il lui était conféré après une déclaration de guerre, le président n'a toujours pas de pouvoirs de guerre, ne fait guère de différence pour eux. Il ne fait donc guère de doute que les États-

Unis sont arrivés au bord d'une dictature naissante. Il est peu probable que la crise constitutionnelle qui se développe — peut-être le début de la deuxième révolution américaine — ait atteint le niveau de conscience du peuple américain qui, jusqu'à présent, n'a pas réussi à reconnaître que la Constitution est foulée aux pieds comme jamais auparavant dans son histoire et qu'elle est sur le point d'être reléguée au rang de la défunte Magna Carta.

La descente progressive de l'Amérique vers la dictature est le résultat d'une évolution historique qui a commencé avec Lincoln et qui a pris de l'ampleur avec une série de présidents qui ont déclenché d'âpres conflits, même de vieilles batailles politiques remontant à la guerre de Sécession. La soi-disant "crise constitutionnelle" qui a éclaté lorsque le président Nixon a été chassé du pouvoir par un Congrès démocrate n'est que l'ombre de la crise constitutionnelle actuelle. La principale différence est que les chacals des médias, dont les hurlements nocturnes dans le ciel de Washington D.C. ont joué un rôle si crucial dans le Watergate, sont aujourd'hui étrangement silencieux, alors qu'ils assistent au passage de la Constitution dans un hachoir à viande.

Alors que nous arrivons à la fin du dernier trimestre 2007, il n'y a plus de partis constitutionnels. Les deux partis politiques, la plupart des avocats constitutionnels et les associations du barreau ont abandonné la Constitution et la rendent volontairement inopérante dès qu'elle interfère avec leurs programmes inconstitutionnels. Les Américains ont oublié les Pères fondateurs et la génération qui a suivi ; ils ont oublié le sang et le sacrifice de nos nobles ancêtres dans leur grande lutte pour la liberté et la justice pour tous. Le peuple américain est sur le point de perdre son système constitutionnel et ses libertés civiles — définitivement. Le Nouvel Ordre Mondial deviendra une réalité à moins que la Constitution ne soit restaurée à la place qui lui revient et cela signifie se débarrasser de l'espionnage domestique par ou par tout autre moyen, interdire toutes les activités domestiques de la CIA, de la NSA et de la FISA. Cela signifie également la suppression du Homeland Security Act, du Patriot Act, du Driver License Act, la réduction drastique de l'exécutif et son retour à sa fonction propre, celle d'un magistrat chargé de défendre les lois de l'Union. Les amendements 2, 4, 5, et 10 doivent être élevés à leur rôle prééminent et le pays doit redevenir une nation de lois et non d'hommes tout-puissants.

À moins que cela ne se produise, les États-Unis tels qu'ils ont été envisagés par nos Pères fondateurs et la génération qui a suivi sont voués à la destruction. Si nous voulons éviter qu'un tel désastre ne s'abatte sur nous, nous, le peuple, les propriétaires souverains de la Constitution des États-Unis, devons envoyer des délégations à la Chambre et au Sénat de chacune des 50 nations souveraines et indépendantes qui composent les États-Unis et nous devons exiger de nos représentants qu'ils ramènent les États-Unis à un gouvernement constitutionnel.

S'ils ne le font pas, alors ils doivent être forcés à quitter leur poste en utilisant les remèdes prévus dans la Constitution du peuple souverain. Nous devons faire en sorte que les délégués exigent que les mots du représentant Denison contenus dans le Congressional Globe, 31 janvier 1866, pages 546-549 soient mis en œuvre immédiatement, sans aucun délai :

> *Ainsi, lorsqu'ils ont créé cette organisation gouvernementale qu'ils ont appelée les États-Unis, les États avaient le droit, en vertu de la Constitution, de déléguer certains pouvoirs et le droit de faire certaines choses, de placer les pouvoirs délégués sous le contrôle des majorités fédérales et de réserver certains pouvoirs au contrôle du peuple de chaque État, dont l'exercice et le contrôle ne relevaient d'aucun autre pouvoir.*

> *Si les États se sont réservés ces pouvoirs de manière absolue et inconditionnelle, alors ils ne peuvent pas leur être retirés par les deux tiers de cette Chambre et les trois quarts des États, pas plus que la majorité des actionnaires d'une banque dans laquelle je pourrais avoir des actions, ne peut prendre mon cheval ou ma ferme pour l'usage de la société, parce que les États n'ont jamais placé ces pouvoirs réservés dans le fonds commun des pouvoirs contrôlés par les majorités fédérales.*

> *En ce qui concerne ces pouvoirs réservés, les conditions*

étaient les mêmes après l'adoption de la Constitution qu'avant. Le peuple de chaque État constituait la souveraineté avant l'adoption de cet instrument. Ils étaient également souverains sur les droits réservés après son adoption et ils ne peuvent être retirés, sauf par la volonté de chaque État, à moins qu'il n'y ait quelque chose dans la Constitution pour l'autoriser ; car un État, comme un individu, ne peut être lié plus loin qu'il ne consent à se lier lui-même.

Les États ont-ils renoncé à ces droits en acceptant de modifier la Constitution ? Si c'est le cas, alors ces pouvoirs n'ont pas été réservés de manière absolue, mais seulement conservés jusqu'à ce que les majorités fédérales représentées par les deux tiers de la Chambre et les trois quarts des États choisissent de les transférer contre la volonté du peuple de l'État, ou bien jusqu'à ce qu'un quart de l'État, ou les trois quarts des États des États choisissent de les transférer contre la volonté du peuple de l'État. Ou bien, il peut s'agir d'un quart des États, de leurs États respectifs, au gouvernement fédéral. Ce point devrait être réglé par la Constitution et je pense qu'il l'est…

La caractéristique la plus importante du 10ème Amendement est qu'il fixe les limites du gouvernement fédéral, qui est un gouvernement de pouvoirs délégués et non de pouvoirs originaux. Il rend impossible pour le gouvernement de prendre un quelconque pouvoir par déduction.

Le pouvoir à prendre ou à exercer doit être clairement exprimé dans la Constitution, sinon il ne peut être pris ni exercé. L'article 5 prévoit le droit d'amender, mais pas de faire du neuf. Ce ne serait pas un amendement que d'abolir la Constitution et d'adopter le Manifeste communiste de 1818, ou les lois républicaines de la France.

Un amendement doit être quelque chose qui se rapporte à l'instrument, il doit être quelque chose qui se trouve déjà dans la Constitution, sinon il ne passe pas le test d'un amendement. Mais l'élaboration d'une nouvelle Constitution ne serait contraignante que pour les États qui acceptent d'être liés par elle et elle ne pourrait faire partie de la

Constitution que si tous les États l'adoptaient.
(Extrait de *What You Should Know About The U.S. Constitution*, Revised and Updated 2007 Edition).

Nous vous invitons à lire et relire ce message essentiel jusqu'à ce que vous en connaissiez chaque mot, chaque ligne, car ce message contient un avertissement clair selon lequel l'administration Bush a tenté et tente encore d'élaborer une nouvelle Constitution sans consulter les États par le biais d'un référendum national ; cette nouvelle Constitution devrait être approuvée par les 50 États.

Ceux qui ne sont pas d'accord avec une nouvelle Constitution ne sont pas liés par celle-ci et ont le devoir de faire sécession de l'ancienne Union dissoute. En effet, il est de leur devoir, en tant qu'États souverains, de prendre les mesures nécessaires pour faire sécession une fois que le gouvernement fédéral aura rompu le pacte original, ce que l'administration Bush, avec la connivence du Congrès, a déjà fait. Nous présentons les actions suivantes comme la preuve que l'administration Bush a déjà rompu le pacte établi comme la plus haute loi du pays et est donc coupable d'un comportement anarchique.

Nous en voulons pour preuve l'exercice d'un pouvoir arbitraire interdit par la Constitution des États-Unis avec l'adoption des lois anticonstitutionnelles suivantes :

➢ L'invasion et l'attaque militaire de l'Irak sans déclaration de guerre.

➢ Le Congrès prétendant "donner" ou "accorder" au président la "permission" ou l'"autorisation" d'attaquer l'Irak sans motif valable et sans qu'aucune disposition de la Constitution américaine ne sanctionne une telle attaque, ce qui constitue en soi une violation flagrante de l'article 4 de la Constitution des États-Unis.

➢ Comme il n'existe aucun pouvoir de ce type pour "donner" ou "accorder" au président un pouvoir de guerre expressément interdit à l'exécutif par la Constitution des États-Unis, le Congrès a agi en violation flagrante de la plus haute loi du pays et doit donc être démis de ses fonctions sur-le-champ.

➢ Le Congrès et le Président se sont concertés et ont violé la séparation des pouvoirs et le Président a pris des pouvoirs auxquels il n'a pas droit, mais qui lui sont expressément interdits.

➢ En s'arrogeant le titre de commandant en chef alors que le Congrès ne lui a pas conféré ce titre temporaire et en s'arrogeant des pouvoirs qui violent totalement le 10ème Amendement de la Constitution américaine.

➢ En envoyant la milice se battre dans une guerre étrangère.

➢ Par l'adoption du Patriot Act et du Homeland Security Act, tous deux anticonstitutionnels, qui violent grossièrement le 10ème Amendement et annulent le 10ème Amendement.

➢ En "faisant une nouvelle Constitution" par l'adoption de lois anticonstitutionnelles sans soumettre ces mesures à l'assentiment des États de la manière prévue par la Constitution des États-Unis.

➢ En espionnant le peuple américain en violation du quatrième amendement.

Ce ne sont là que quelques-uns des nombreux actes de dissolution de la Constitution américaine menés par l'administration Bush avec la connivence et le consentement des deux partis politiques. Par conséquent, je soutiens que les États qui le souhaitent ont le droit de faire sécession de l'Union, à moins que ces actions illégales ne soient immédiatement annulées par le Congrès.

En l'absence d'une telle action d'annulation par le Congrès, le peuple doit réunir ses propres procureurs généraux et ses propres grands jurys. Ces grands jurys de chaque État doivent renvoyer des actes d'accusation contre l'exécutif et le Congrès pour chaque violation de la Constitution des États-Unis.

Les peuples des États doivent alors envoyer leurs représentants à

Washington pour informer le gouvernement fédéral de leurs actions et exiger que des mesures correctives soient prises immédiatement. Si ces mesures correctives ne sont pas prises immédiatement, le peuple souverain des États souverains doit rappeler ses représentants à la Chambre et au Sénat, rendant ainsi ces derniers inopérants. Nous espérons qu'il y a parmi nous des hommes du calibre de Patrick Henry, St George Tucker, Thomas Jefferson et Henry Clay, des hommes qui ont les moyens et le courage d'agir pour empêcher que les États-Unis ne se transforment en une dictature virtuelle.

L'invasion de l'Irak en 1991 et la deuxième invasion de l'Irak étaient toutes deux en dehors des limites de la Constitution américaine et ne peuvent donc pas être reconnues comme légales. Pour cette seule raison, le Congrès a le droit d'ordonner à l'armée américaine de rentrer aux États-Unis avec tout son équipement dans les 45 jours suivants l'annonce faite par une session conjointe de la Chambre et du Sénat. Les mesures visant à rendre le gouvernement constitutionnel à Nous, le peuple, sont conformes aux préceptes et aux principes de la Constitution des États-Unis en tant que recours légaux disponibles pour le peuple souverain des États souverains.

L'alternative est de ne rien faire contre la guerre sans foi ni loi qui fait rage en Irak et de regarder la transformation d'une République confédérée en une dictature se dérouler sous nos yeux. Et cela n'est possible que grâce à la coopération totale d'un média complaisant qui soutient le gouvernement jusqu'au bout, en d'autres termes, une transformation en une conspiration ouverte comme le montre ce qui suit.

La presse : Un moteur de conformité

La question du contrôle de la presse (écrite et électronique) a dépassé le stade de la conspiration et se trouve à présent exposée au grand jour. Certains Américains sont encore trompés en ce qu'ils ont été amenés à croire que le Public Broadcasting System (PBS) est indépendant et la seule source restante de vérité et de lumière. Malheureusement, ce n'est pas le cas.

C'est ce qui ressort d'un rapport récent selon lequel Kenneth Y. Tomlinson, président de la Corporation for Public Broadcasting (CPB), a, de sa propre initiative et sans l'approbation de son conseil d'administration, nommé deux médiateurs chargés d'examiner le contenu de la National Public Radio (NPR) et du Public Broadcasting Service (PBS) afin de corriger ce qu'il considère comme un parti pris libéral flagrant.

Les médiateurs Ken Bode (membre du soi-disant conservateur Hudson Institute et, de 1998 à 2002, doyen de la Medill School of Journalism de la Northwestern University) et William Schulz (retraité du *Readers Digest*, où Tomlinson a passé la plupart de son temps de travail) sont prétendument dédiés à la poursuite de l'objectivité, mais la vérité est qu'ils ne reconnaîtraient pas l'objectivité si elle leur était présentée en face.

Le public américain confiant, qui cherche désespérément la "vérité" à la télévision publique, s'entend dire depuis longtemps que "ce programme a été rendu possible, en partie, par le financement de téléspectateurs/auditeurs comme vous", alors qu'il est en même temps harcelé par d'incontournables appels à la mendicité lancés par des stations de radio et de radiodiffusion individuelles l'invitant à "devenir membre" en faisant des dons. En général, une bonne demi-heure de chaque émission est consacrée à ce genre d'appel, et parfois plus longtemps.

Une telle tactique est-elle vraiment nécessaire ? Pourquoi PBS devrait-elle mendier des dons alors que le fait est que ces adhésions ne représentent que 26% du budget total dépensé par CPB ? Les entreprises et les fondations caritatives représentent un total combiné de 22,8%, le gouvernement fédéral arrivant en troisième position avec seulement 15,3%. Qu'est-ce qui ne va pas dans ce tableau ?

En premier lieu, les donateurs individuels n'ont pas la moindre voix organisée pour déterminer ou contrôler le contenu de la programmation. Les plaintes pour partialité des fondations de droite et de l'industrie des télécommunications ont étouffé le gouvernement fédéral, qui choisit le conseil d'administration — un conseil qui reflète tout naturellement les souhaits des plus gros donateurs et qui a le plus de poids. Le conseil d'administration actuel du CPB est composé de cinq républicains, deux démocrates et un "indépendant".

Comme nous l'avons déjà mentionné, le président Kenneth Tomlinson a passé une grande partie de sa carrière jusqu'en 1996 au *Readers Digest*, qui reste après toutes ces années le favori des Américains qui n'ont pas le temps de lire les articles en entier. L'éloge de Tomlinson par le "conservateur" William F. Buckley dans la National Review en dit long :

> "Beaucoup le considèrent comme le dernier grand rédacteur en chef du magazine... La plupart des rédacteurs en chef du magazine avaient été engagés par Tomlinson, et pratiquement tous étaient, comme Tomlinson lui-même, des conservateurs politiques."

Il s'agissait de personnes qui, apparemment, étaient en phase avec la pensée de Newt Gingrich, qui a déclaré :

> "Je ne comprends pas pourquoi on l'appelle radiodiffusion publique. En ce qui me concerne, il n'y a rien de public là-dedans ; c'est une entreprise élitiste. Rush Limbaugh est un service public."

(Cela ne tient pas compte du fait que Limbaugh a été recruté et a reçu un statut par des républicains fortunés qui veulent que leurs points de vue soient mis en avant).

La vision de Tomlinson du rôle des médias lui vient de sa carrière à la Voix de l'Amérique (VOA) — créée à des fins de propagande en 1942 pendant la Seconde Guerre mondiale, et réorganisée en 1953 comme une branche de l'Agence d'information des États-Unis, un titre plus discret.

Un remaniement en 1998 a transféré VOA au Broadcasting Board of Governors (BBG). Kenneth Tomlinson est aujourd'hui président à la fois du BBG et du CPB et il ne fait aucun doute qu'il soumet le public américain au même style de propagande que celle préparée pour "l'ennemi". Bien que je n'aie aucun moyen de le prouver, l'expérience m'amène à penser que l'Institut Tavistock a peut-être été la lumière directrice de ces changements. Tavistock a dans son portefeuille un grand nombre de comptes du gouvernement américain et d'entreprises privées.

Le discours prononcé par M. Tomlinson à la fin du mois d'avril 2005 devant une sous-commission du Sénat sur les opérations internationales et le terrorisme pourrait bien avoir été écrit pour lui par feu Edward Bernays ou même Beatrice Webb :

> "Grâce à son adhésion aux normes journalistiques occidentales, grâce à ses reportages objectifs et précis, Alhurra [qui signifie "la libre" — un nouveau réseau de télévision en langue arabe, filiale de la BBC] peut acquérir la crédibilité dont nous avons besoin pour construire une audience et offrir au public du Moyen-Orient une nouvelle vision équilibrée des événements mondiaux. Alors que les critiques de la presse arabe se poursuivent, nous sommes en contact avec les gens — notre public cible — et ils nous envoient des centaines de courriels pour nous souhaiter la bienvenue. On a grand besoin de vous pour équilibrer les informations biaisées contrôlées par ceux qui sont pleins de haine envers le monde occidental", peut-on lire dans l'un d'eux. C'est la première étape pour combattre la 'culture de la haine' qui nourrit le terrorisme", dit un autre. J'espère que votre chaîne [aidera] nos frères arabes [...] à dire la vérité sur tout ce qui se passe."

Cependant, il est douteux qu'Alhurra puisse rivaliser avec Al Jazeera. Comment toutes ces vérités "impartiales" seront-elles diffusées ? En mars 2005, la tâche de conduire le passage de la radiodiffusion publique de l'analogique au numérique a été confiée à Ken Ferree, l'actuel président-directeur général du CPB. Après un passage de quatre ans sous la direction de Michael Powell, président de la FCC — les deux hommes partagent la conviction que "les limites strictes de la propriété des médias sont dépassées à l'ère des 200 chaînes câblées et de l'Internet" — Ferree, avocat de métier (ou de profession), a appliqué son expertise juridique acquise chez Goldberg, Wiener et Wright pour formuler de nouvelles règles sur la propriété des médias et l'octroi de licences. Avant juin 2001, Goldberg, Wiener & Wright représentaient la société satellitaire privée PanAmSat, fondée par Rene Anselmo, résident de Greenwich, Connecticut.

La société d'Anselmo a été le premier et (le plus grand) réseau international de satellites et a travaillé en étroite collaboration avec la Hughes Space and Communications Company (fondée par Howard Hughes en 1961), une filiale de Hughes Electronics, qui a construit, lancé et entretenu les satellites de communication de PanAmSat.

Ferree a représenté PanAmSat dans sa plainte antitrust contre COMSAT, le membre américain du consortium international appelé "IntelSat", qui avait à l'époque un monopole sur les communications par satellite basé sur un traité. Cette action en justice a eu pour conséquence directe de briser le monopole d'IntelSat et de permettre à PanAmSat de se hisser au premier rang du secteur des communications numériques.

Après la mort d'Howard Hughes en 1976, la fondation médicale qu'il avait créée pour détenir la Hughes Aircraft Company sous la forme d'un trust non imposable, a été condamnée par un tribunal fédéral américain à vendre la société en 1985 en raison de ses liens étroits avec Hughes Aircraft et de ses dons caritatifs extrêmement réduits. Dans la guerre des enchères, Ford et Boeing ont été surenchéris par General Motors pour acquérir la société et son président a déclaré : "L'électronique, nous en sommes convaincus, sera la clé du 21ème siècle." De la prévoyance, en effet ? Ce qui n'était pas connu à l'époque en dehors des agences d'approvisionnement de la défense, c'est que Hughes fabriquait des produits tels que des micropuces, des lasers et des satellites de communication — en plus des missiles air-air. Elle était le plus grand fournisseur d'équipement électronique à l'armée et le septième plus grand entrepreneur de la défense.

Le public qui est client de Direct TV ne sait probablement pas qu'en 1994, Hughes a lancé ses propres satellites (sous licence DirecTV) pour "concurrencer" PanAmSat. Seulement deux ans plus tard, Hughes a pris le contrôle de son concurrent en acquérant 81% des actions de PanAmSat, donnant ainsi à Hughes (et à sa société mère GM) le contrôle de toute la transmission par satellite américaine, à l'exception d'une petite part du marché détenue par Echostar.

Grâce à ce procédé, il est possible de contrôler ce qu'un nombre très important d'Américains verront, ce qui constitue un outil précieux pour la formation de l'opinion. Rupert Murdoch, est en dehors des États-Unis, un autre magnat du satellite australien qui a fondé le réseau de télévision par satellite Sky en 1989 et qui, un an plus tard, a racheté son rival British Satellite Broadcasting pour devenir British Sky Broadcasting.

En 1985, la même année où General Motors a racheté Hughes, Murdoch a acheté sept stations de télévision indépendantes aux États-Unis et Twentieth Century Fox Holdings. Cette combinaison a donné lieu à la création du premier nouveau réseau de télévision depuis le milieu des années 50. Murdock a ensuite étendu sa chaîne de journaux australiens à la Grande-Bretagne en achetant le journal londonien *The News of the World* en 1968 et, peu après, *The Sun*.

En 1976, il a acheté le *London Times* — les plaçant tous sous le contrôle de News Corp, créé en 1980. Murdoch, un représentant de haut niveau du Comité des 300, s'était assuré un monopole virtuel sur ce que des millions d'Américains et de Britanniques allaient voir sur leurs écrans de télévision et lire dans les journaux. Il était désormais possible de s'engager dans une pénétration à long terme et un conditionnement intérieur de millions de personnes, et de leur faire littéralement un "lavage de cerveau".

Un coup d'État silencieux avait eu lieu sans que les peuples britannique et américain se rendent compte de ce qui se passait. En 1988, News Corp. a acquis les publications Triangle (y compris TV Guide) de Walter Annenberg, un copain de Richard Nixon, qu'il avait nommé ambassadeur des États-Unis en Grande-Bretagne en 1969. En 1993, l'influence de Murdoch a fait des incursions en Asie, lorsqu'il a acquis une participation majoritaire dans la chaîne asiatique Star-TV.

Mais c'est le marché américain des satellites qui était la principale préoccupation de Murdoch. Pour réduire sa dette, News Corp. a vendu 18,6% de *Fox Entertainment Network, ce qui* lui a rapporté 2,8 milliards de dollars en 1998, et 2,9 milliards de dollars supplémentaires en 2001 en vendant *Fox Family Worldwide,* Inc. à Disney. Plein de liquidités, Murdoch était prêt à racheter *DirecTV* de Hughes.

Sans attendre l'approbation de la FCC (peut-être avait-elle déjà été donnée en secret par des mandataires), l'offre d'EchoStar d'acheter *DirecTV* a été acceptée en octobre 2001. Après une manifestation organisée devant le ministère de la Justice en juillet 2002 par un "groupe de radiodiffuseurs chrétiens", la FCC a finalement annoncé qu'elle rejetait le projet de fusion pour éviter un monopole préjudiciable aux consommateurs.

Une décision de la FCC publiée à la même époque autorisait News Corp. de Murdoch à acquérir 34% de Hughes — ce qui a permis à Murdoch de se nommer président de Hughes — mais elle a été annulée en appel un an plus tard par le troisième circuit d'appel, qui a renvoyé les règles à la FCC pour qu'elle justifie ses changements. Murdoch a néanmoins poursuivi ses programmes de télévision par satellite tout en tirant profit de la vente de PanAmSat à la société de capital-investissement Kohlberg Kravis Roberts & Company (KKR), qui a ensuite cédé 27% de ses parts dans les satellites de communication à Providence Equity Partners et au Carlyle Group, en conservant 44% pour elle-même. Ensemble, ces actionnaires ont introduit leurs actions en bourse en mars 2005 — triplant le rendement de leur investissement initial — tout en conservant 55% des actions avec droit de vote. Le groupe Carlyle, comme la plupart d'entre nous le savent, est l'une des vedettes des portefeuilles du Comité des 300.

Lorsque l'on analyse les détails de la propriété, un schéma commence à se dessiner. Il ne fait aucun doute que le décor a été planté, allant bien au-delà de la conspiration pour devenir une conspiration ouverte comme envisagé par H.G. Wells.

Entre-temps, KKR et le groupe Carlyle (tous deux ayant des liens étroits avec la famille Bush), tous des fonctionnaires de très haut niveau du Comité des 300, ont pris le contrôle de notre télévision. Les mesures prises par le Comité des 300 sont claires. À mon avis, le président Ronald Reagan a accordé un traitement préférentiel à Murdoch en lui permettant d'entrer sur le marché américain, strictement contrôlé par le FFC. Le site Web du Museum of Broadcast Communications propose un article très intéressant — ou du moins, c'était le cas la dernière fois que je l'ai consulté :

> "Son réseau de télévision FOX a pu éviter de se conformer aux règles de la FCC en matière d'intérêts financiers et de syndication (FinSyn), d'abord en diffusant moins d'heures de programmes que ce qui était nécessaire pour définir FOX comme un "réseau", puis en recevant une dérogation temporaire de la FCC à ces règles — une action à laquelle les trois autres réseaux de diffusion se sont vigoureusement opposés.
>
> En outre, Murdoch a été la cible privilégiée d'une action menée en 1988 par le sénateur Edward Kennedy (qui n'est pas un ami du Comité des 300 depuis l'assassinat de son frère, le défunt président John F. Kennedy, et qui était à l'époque une cible fréquente du journal Boston Herald de Murdoch) pour révoquer une autre dérogation de la FCC, une dérogation aux restrictions de propriété croisée qui aurait empêché Murdoch de posséder à la fois des journaux et des chaînes de télévision à New York et à Boston. Le résultat final des efforts soutenus de Kennedy a été que Murdoch a fini par vendre le *New York Post* (il a ensuite reçu une nouvelle dérogation qui lui a permis de racheter le journal en difficulté en 1993) et a placé la chaîne de télévision WFXT-TV de Boston dans un trust indépendant."

Après avoir vendu *The Daily Racing Form*, la famille Annenberg est devenue riche et "respectable", au sein de *Hearst Newspapers*. Le fils de Moe Annenberg, Walter, qui, en tant que directeur de la circulation des journaux Hearst, avait demandé les "conseils" de Charles "Lucky" Luciano et Meyer Lansky pour l'aider à "superviser" la circulation du *New York Daily Mirror*. Il est douteux que Walter se soit jamais renseigné sur les méthodes utilisées par les deux hommes.

En 1926, Annenberg quitte Hearst afin de travailler à plein temps sur son *Racing Form,* dont il avait fait la promotion lorsqu'il travaillait pour les journaux de Hearst. En 1927, il acquiert une participation majoritaire dans le Mont Tennes General News Bureau, connu sous le nom de service de filage des courses, auprès d'un homme qui se fait intimider par Al Capone. En 1929, Annenberg a conclu un accord avec la mafia de Chicago qui le met en relation avec Meyer Lansky, Frank Costello et Johnny Torrio. Annenberg crée alors une nouvelle société, la Universal Publishing Company, qui publie des "wall sheets" et des "hard cards". Les feuilles murales énumèrent les courses, les chevaux, les jockeys, les cotes du matin et d'autres informations que les parieurs utilisent pour décider comment placer leur argent.

Quelques années plus tard, Annenberg crée Nationwide News Service à Chicago le 27 août 1934 et soulève la colère de la mafia Capone. En conséquence, Annenberg s'enfuit pour demander la protection de Meyer Lansky qui vit en Floride à l'époque. Lansky s'arrange pour qu'Annenberg transfère son service d'information dans le sud de la Floride et obtienne une part de l'action en échange de la protection d'Annenberg.

Pendant un certain temps, le service opère également à partir de Paradise Island aux Bahamas, où Lansky dirige une société-écran appelée Mary Carter Paint Company. En 1936, Lansky se réconcilie avec la mafia et permet à Annenberg de conclure un accord avec le syndicat Capone. Selon de bonne source, Annenberg payait un million de dollars par an pour sa protection et était libre de poursuivre d'autres intérêts sans être traqué par des tueurs à gages.

Le problème de l'agence de presse ayant été résolu, Annenberg achète un journal qui lui semble avoir "du prestige et de la classe" (ce dont Lansky parle toujours, mais qui fait défaut à ses autres entreprises) — *le Philadelphia Inquirer.* Annenberg a beaucoup appris depuis 1934 et réussit à augmenter la diffusion globale de l'*Inquirer.* Il a pris grand soin de le façonner pour qu'il devienne un outil et un modèle de réussite pour la politique du Parti républicain et un véhicule de promotion du Nouvel Ordre Mondial, bien que très subtilement.

Les contacts de son fils Walter avec les républicains lui valurent d'être nommé ambassadeur en Grande-Bretagne par le président Richard Nixon. À la mort de Walter Annenberg en 1994, sa nécrologie ne mentionne naturellement pas ces détails insignifiants, car il avait fait don d'un petit pourcentage de ses gains provenant des mœurs à des œuvres de charité.

Que personne ne doute que nous sommes contrôlés par les médias, tout comme les médias eux-mêmes sont contrôlés. Il s'agit d'un fait de conspiration, pas d'une spéculation, et la situation est maintenant tout à fait ouverte. Il ne fait aucun doute que ce système serait très difficile à maintenir s'il n'y avait pas le financement secret des divers projets parrainés et favorisés par les États-Unis, que je révèle au grand jour, au-delà de la conspiration.

Chapitre 12

Le programme secret de dépenses hors budget des États-Unis dévoilé

L a Loi sur la Réserve Fédérale est ce qui a rendu ces actes susmentionnés si importants, c'est le contrôle qu'elle donne au Comité des 300 sur le peuple américain. Elle a également rendu possibles les guerres illégales en Irak, sur la base du fait que le gouvernement des États-Unis a géré un programme secret de dépenses et de "hors budget" pendant des décennies, au mépris de la plus haute loi du pays, la Constitution des États-Unis. Les fondements institutionnels et politiques de ce système de finances secrètes remontent au commerce de l'opium avec la Chine et plus tard avec la Turquie au cours des 18ème et 19$^{ème \ siècles}$.

Son véhicule était la British East India Company (BEIC), une société fermée dotée d'une charte royale. À la fin 19ème et 20ème ^{siècles}, la consolidation de l'industrie et de la banque américaines était fermement sous le contrôle des sociétés qui avaient pris le contrôle de l'économie, en particulier le complexe militaro-industriel. Les grands dirigeants fascistes de l'industrie et de la finance américaines de la fin du dix-neuvième siècle étaient d'excellents praticiens des opérations secrètes, grâce à l'expérience acquise dans le commerce de l'opium avec la Chine. Les institutions qu'ils ont établies au cours des XIXème et XXème siècles sont restées inchangées et sont les mêmes que celles par lesquelles leurs descendants maintiennent leur contrôle jusqu'à ce jour.

Voici un résumé de la structure de l'économie politique américaine, qui correspond mieux aux faits que le modèle officiel. Officiellement, le capitalisme américain se caractérise par la démocratie, l'opportunité, l'autoamélioration, des marchés ouverts et libres, et une réglementation constructive pour le bien public, en bref, le bonheur, ou la poursuite du bonheur comme le stipule la Constitution américaine. Dans ce modèle, les dirigeants ont à cœur les intérêts de la nation et les politiciens s'occupent de leurs électeurs. Malheureusement, la vérité est bien différente. La raison pour laquelle les États-Unis sont si largement incompris est due en partie à un système éducatif et à des médias contrôlés. Au fur et à mesure que le système évoluait au fil des décennies, le temps lui a conféré une légitimité couvrant tout le spectre politique. Une fois le contrôle monopolistique atteint, le prolétariat se soulève et sa dictature commence. Nous nous éloignons d'un tel déterminisme ; rien n'arrive qu'en conséquence de ce que les hommes font et choisissent de faire.

Au moment de l'attaque du World Trade Center et du Pentagone en septembre 2001, selon le Government Accounting Office (GAO), le Pentagone avait engagé 3,4 trillions de dollars de "transactions non documentées", c'est-à-dire qu'il y avait 3,4 trillions de dollars de transactions financières pour lesquelles il n'y avait pas d'objectif discernable. La veille de l'attentat, le secrétaire à la défense Donald Rumsfeld a prévenu que le manque de contrôle sur son budget constituait un plus grand danger pour la sécurité nationale des États-Unis que le terrorisme. Après les attentats, le gouvernement a cessé de divulguer publiquement des informations sur les "transactions non documentées".

Le problème ne se limite pas au Pentagone, mais touche l'ensemble des agences et des départements gouvernementaux, du ministère de l'Éducation au ministère de la Défense en passant par le Bureau des affaires indiennes. Depuis un certain nombre d'années, le GAO compile un ensemble parallèle de livres pour le gouvernement fédéral, intitulé "Financial Report of the United States". Ce rapport tente d'imposer les "principes comptables généralement acceptés" au processus d'établissement des rapports financiers du gouvernement afin de donner une image plus claire de l'actif et du passif réels du gouvernement et de permettre ainsi une meilleure planification. Ni le Pentagone ni le ministère du Logement et du développement urbain (HUD), pour n'en citer que deux, n'ont jamais pu passer un audit du GAO sur cette base.

Il est important de noter que le gouvernement n'utilise pas la comptabilité en partie double pour préparer ses comptes, une pratique comptable standard depuis le XVIIème siècle qui permet de classer et de suivre les sources et les utilisations des fonds afin de créer une image précise d'une entreprise commerciale (ou publique). Faire fonctionner une machine militaire du 21ème siècle en utilisant des méthodes comptables anciennes est une situation anormale qui a des implications intéressantes, dont la moindre n'est pas que les agences gouvernementales ne peuvent pas, ou ne veulent pas, expliquer ce qu'elles font avec l'argent qui est affecté à leurs opérations par le Congrès. Une situation similaire prévaut au ministère du Logement et du Développement urbain (HUD). Sa principale raison d'être, du moins en droit, est de veiller à ce que les Américains à faibles revenus aient accès à des logements abordables, ce que le HUD fournit, ainsi qu'au crédit et à l'assurance-crédit à l'échelle nationale. Pourtant, le HUD n'a jamais compilé d'informations sur ses activités de manière à ce que lui-même ou quiconque puisse voir, par endroit, si ses activités dans cet endroit font de l'argent, en perdent ou sont tout simplement sans intérêt.

Peu d'Américains savent probablement que Lockheed Martin, constructeur du chasseur de supériorité aérienne F22, est également un important contractant extérieur qui fournit des systèmes de contrôle financier et de comptabilité au Pentagone. Pour sa part, le Pentagone est le plus gros client de Lockheed Martin. Cet exemple est loin d'être unique. Lockheed possède également une filiale employée par le HUD pour gérer le logement dans les villes américaines, une diversification inhabituelle pour une société dont la majorité des activités sont réalisées avec l'armée et les agences de renseignement.

De même, Dyncorp (récemment acquise par Computer Sciences Corporation) est un autre entrepreneur qui, comme Lockheed, tire la quasi-totalité de ses revenus de contrats gouvernementaux de sécurité et militaires. C'est également un entrepreneur qui fournit des technologies de l'information à diverses agences gouvernementales, dont le Pentagone, le HUD, la Securities and Exchange Commission (SEC) et le ministère de la Justice. Au ministère de la Justice, elle gère le logiciel de gestion des dossiers utilisé par les avocats du ministère pour gérer les enquêtes.

Il s'agit là d'un excellent exemple de conspiration ouverte, ou, pour le dire autrement, d'une situation qui va bien au-delà d'une conspiration. Un exemple de chevauchement d'intérêts est celui de Herbert "Pug" Winokur. Non seulement il faisait partie du conseil d'administration de Dyncorp, mais il était également le directeur d'Enron en charge du comité de gestion des risques de cette société, et un membre de longue date du conseil d'administration de la Harvard Management Corporation, qui investit dans des projets HUD. AMS Inc, une société de logiciels informatiques engagée par le HUD en 1996 pour prendre en charge la gestion de son logiciel interne de comptabilité et de contrôle financier, a présidé en deux courtes années à une explosion des transactions non documentées de près de 76 milliards de dollars. AMS a violé les pratiques fiduciaires et de contrôle en installant son propre équipement et ses propres logiciels sans effectuer de parcours parallèles avec le logiciel et le système comptable hérités.

Au cours de ces deux mêmes années, la direction du HUD a plus que triplé le volume des prêts et des assurances qui passaient par le système. Toute personne familiarisée avec la gestion de tels systèmes dans une banque ou une compagnie d'assurance comprend immédiatement qu'une telle décision (car il fallait bien qu'il y ait une décision) entraînerait des pertes énormes. S'agit-il d'incompétence ou d'intention ? Seuls les crédules croiraient à l'incompétence. La récompense pour Charles Rossotti, président d'AMS, a été d'être nommé Commissaire de l'Internal Revenue Service (IRS) au Département du Trésor, poste à partir duquel il a supervisé d'importantes modifications du contrat du Trésor avec AMS. Il en a été un bénéficiaire direct puisqu'une dérogation spéciale de la Maison-Blanche a permis à Rossotti et à sa femme de conserver leurs actions AMS.

La réaction de nombreuses personnes face aux faits décrits ci-dessus est de les rejeter comme n'étant rien d'autre que la preuve d'une incompétence et d'un manque de confiance, un accident, et non pas une conspiration. Pourtant, par les effets de cette relative ouverture, les États-Unis ont maintenant dépassé la conspiration pour entrer dans la phase de ce que Wells appelle une "conspiration ouverte".

Des entreprises telles que IMB, AMS Lockheed, Dyncorp, SAIC et Accenture n'ont pas réussi à fournir des systèmes capables de passer un audit du GAO. Ces manœuvres et les justifications du gouvernement sont un affront au bon sens et sont contraires à l'éthique. En tant que sociétés du secteur privé, elles doivent passer des audits avant que leurs propres comptes puissent être approuvés et communiqués aux actionnaires. Pourtant, elles ne respectent pas systématiquement les mêmes normes pour le gouvernement.

Souvent, le gouvernement rejette la faute sur l'administration précédente, sortante. Cependant, il faut savoir que la nouvelle administration Bush a remplacé tous les hauts responsables politiques nommés par Clinton, à l'exception du contrôleur de la monnaie, John D. Hawke, du commissaire de l'IRS, Charles Rossotti (anciennement de l'AMS), du contrôleur général, David Walker, et du directeur de la CIA, George Tenet.

En bref, les postes clés nécessaires au contrôle du crédit fédéral, au contrôle financier, à l'audit et au renseignement, afin que l'administration Bush ne puisse pas rejeter la faute sur l'administration Clinton.

Cette transition sans heurts entre les administrations démocrate et républicaine représente un remarquable consensus entre les partis et met en évidence les véritables positions de pouvoir. À l'exception de Rossotti, tous ces hommes étaient encore en place en 2004. Et qu'en est-il de Rossotti ? Il a quitté l'IRS pour devenir conseiller principal du groupe Carlyle pour les technologies de l'information. On ne peut guère imaginer un changement de poste plus riche en symboles et en signification. L'activité de Carlyle est le capital-risque mondial, c'est-à-dire qu'il investit dans des acquisitions de sociétés dans le monde entier, spécialisées dans les fabricants d'armes et la technologie. Les niveaux élevés de transactions non documentées au HUD et au ministère de la Défense suscitent inévitablement la curiosité. Où se trouve l'argent associé à ces transactions ? Il n'est pas nécessaire de faire preuve d'une grande imagination pour se demander également où le groupe Carlyle trouve l'argent avec lequel il finance ses acquisitions.

La cartellisation de l'économie américaine était à toutes fins utiles achevée à la fin de la première décennie du vingtième siècle. En 1889, le plus grand banquier américain, J.P. Morgan, a organisé une réunion dans son hôtel particulier de la 5ème Avenue à New York. Son objectif était de parvenir à un consensus permettant aux propriétaires des chemins de fer américains de fusionner leurs intérêts concurrents. Il ne s'agissait pas d'un simple groupe de cadres du secteur des transports s'entendant pour fixer les prix. Les chemins de fer contrôlent également les gisements de charbon et les réserves de pétrole du pays et sont étroitement liés aux plus grandes banques du pays.

La création de la Réserve fédérale en 1914 a achevé ce processus de consolidation. En effet, le Congrès a cédé le contrôle du système monétaire américain et du crédit fédéral aux banques, reconnaissant ainsi officiellement le cartel. Cela a placé un nombre relativement restreint d'hommes en position de fixer les prix dans toute l'économie avec un degré de contrôle inconnu jusqu'alors dans l'histoire des États-Unis.

La politique étrangère américaine et les guerres que l'Amérique a menées au cours du vingtième siècle (y compris la guerre hispano-américaine de 1898 et l'actuelle guerre contre le terrorisme) ont réussi à étendre le contrôle du cartel sur l'économie mondiale. La guerre civile américaine a été menée pour déterminer le contrôle de l'économie américaine, et non pour abolir l'esclavage. La plupart des Américains expliqueraient les 150 dernières années de guerre comme étant tristement nécessaires pour des raisons indépendantes de la volonté de l'Amérique. L'implication est que l'Amérique a accumulé sa position internationale prépondérante par un accident providentiel et non à dessein. Les arguments en faveur d'un point de vue contraire suscitent des accusations dérisoires d'être victime de la "théorie du complot". De manière rassurante, ils croient que les individus et les organisations intéressés sont incapables de collaborer pour atteindre des objectifs communs.

Lorsque J.P. Morgan a conclu un accord de non-concurrence, ce n'était pas un accident. De même, les guerres de l'Amérique n'ont pas été des accidents ; elles ont été beaucoup plus rentables qu'on ne le croit généralement. À la fin de la Seconde Guerre mondiale, les États-Unis ont confisqué des milliards de dollars de trésors de guerre allemands et japonais. Le président Truman a pris la décision délibérée de ne pas le révéler au public ni de le rapatrier. Au lieu de cela, il a été utilisé pour financer des opérations secrètes.

Le mythe populaire veut que les trusts aient été brisés au cours de la première décennie du vingtième siècle grâce à la croisade de Theodore Roosevelt en faveur de la classe moyenne. Roosevelt a certainement profité de sa prise de position publique contre les "grandes entreprises" pour obtenir des fonds de campagne de la part des hommes d'affaires qu'il attaquait. Cela explique peut-être pourquoi il a ensuite signé une loi abrogeant les sanctions pénales pour ces mêmes hommes d'affaires. C'est un trait commun aux présidents "libéraux" ou "progressistes".

Le second Roosevelt, Franklin, est considéré comme le champion des opprimés, qui a mis fin à la Grande Dépression. C'est lui qui a mis en place le système national de sécurité sociale qui, en réalité, était (et est toujours) financé par un impôt hautement régressif sur ses bénéficiaires. Les contributions de contrepartie des entreprises étaient autorisées à être déduites en tant que dépenses professionnelles avant impôt, ce qui ne faisait qu'étendre la nature régressive du programme en finançant la part des entreprises à partir de recettes fiscales perdues.

Roosevelt, un politicien hors pair, remporte une victoire écrasante sur un programme de réformes qu'il esquive adroitement et ne met pas en œuvre. Au lieu de cela, il a déclaré une urgence économique nationale, court-circuitant toute contestation constitutionnelle de son pouvoir devant les tribunaux. Il s'empresse de ne pas respecter la clause relative à l'or dans les contrats d'obligations du gouvernement et crée le Fonds de stabilisation des changes (ESF) en 1934. Ostensiblement destiné à promouvoir la stabilité du dollar sur les marchés étrangers, ce fonds était et reste en pratique quelque chose de tout à fait différent. Il n'a pas à rendre de comptes au Congrès et n'est responsable que devant le président et le secrétaire au Trésor. Il s'agit, en somme, d'un fonds non déclaré qui peut puiser dans le crédit fédéral.

Le mécanisme d'asservissement

La création du Fonds de stabilisation des changes (FSC) s'inscrit dans la même logique que celle qui a présidé à la création de la Réserve fédérale en 1914. Cette dernière, la Réserve fédérale, a également été créée en réponse à une crise : le krach de 1907. La légende de Wall Street attribue au génie et au patriotisme de J.P. Morgan le mérite de sauver la Nation.

En réalité, le crash et la dépression qui en a résulté ont permis à Morgan de détruire ses concurrents, de racheter leurs actifs et, ce faisant, de révéler à la nation et au monde entier à quel point les banques et Morgan étaient puissants. Tous ne sont pas reconnaissants et certains exigent une action législative pour placer le système monétaire national et de crédit fédéral sous la surveillance et le contrôle du public.

Dans le cadre d'une campagne d'escroquerie politique magistrale, la Réserve fédérale a été créée en 1912 par une loi du Congrès dans ce but précis. Le système de la Réserve fédérale est probablement l'imposition la plus diabolique de l'esclavage du peuple américain, mis en place par une conspiration entre les banquiers internationaux et leurs substituts à la Chambre et au Sénat des États-Unis.

Mais en le créant en tant que société privée appartenant aux banques, le Congrès a effectivement cédé aux banques une position encore plus forte que celle qu'elles occupaient auparavant.

Aujourd'hui encore, peu de gens savent que la Réserve fédérale est une entreprise privée détenue par les intérêts mêmes qu'elle réglemente nominalement.

Ainsi, le contrôle du crédit fédéral et du système monétaire américain, ainsi que le riche flux d'informations privilégiées qui en découle, est soustrait à la vue du public et est contrôlé en secret, ce qui explique plutôt la nature delphique du président de la Fed.

L'extension du contrôle secret ne s'est pas limitée aux finances. Le National Security Act de 1947 a créé la Central Intelligence Agency (CIA) et le National Security Council (NSC) et a regroupé le contrôle des trois services armés sous un même toit au Pentagone. Cela n'a fait qu'étendre ce principe du secret au domaine de la "sécurité nationale". À l'instar de la Réserve fédérale, la CIA a été exemptée de la divulgation publique de son budget et s'est vu confier le contrôle budgétaire de l'ensemble de la communauté du renseignement, tandis que le Conseil National de Sécurité a été créé en tant qu'organe d'élaboration de la politique distinct des organes existants de la politique de l'État, tels que le département d'État et les commandements militaires relevant directement du président.

La loi sur la CIA de 1949 a créé un mécanisme budgétaire qui lui permet de dépenser autant d'argent qu'elle le souhaite "sans tenir compte des dispositions de la loi et des règlements relatifs à la dépense des fonds gouvernementaux." En bref, la CIA dispose d'un moyen de financer n'importe quoi — légal ou illégal — derrière la protection de la loi sur la sécurité nationale.

Après avoir créé les moyens bureaucratiques permettant de concevoir et d'élaborer des politiques en secret, il s'agissait ensuite de créer les moyens de les mettre en œuvre. La question principale était de savoir comment contrôler les flux monétaires dans l'économie nationale. La solution du gouvernement a été d'assumer une position dominante sur les marchés du crédit.

À cette fin, il a d'abord créé la Federal Housing Authority en 1934 (précurseur du HUD et faisant aujourd'hui partie du HUD), puis Ginnie Mae et enfin Fannie Mae et Freddie Mac, qui sont des entreprises parrainées par l'État (Government Sponsored Enterprises, GSE) pour fournir des financements et des assurances hypothécaires aux acheteurs de logements. L'objectif politique sous-jacent est plus subtil. Associés au pouvoir de la Réserve fédérale (c'est-à-dire le cartel) de fixer le prix de l'argent, le FSE, les GSE et, plus récemment, le ministère du Logement et du Développement urbain (HUD) se sont avérés être une force puissante pour réguler les flux monétaires et la demande dans l'économie américaine.

L'armée a également été réformée avec l'adoption, pour la première fois dans l'histoire américaine, d'un budget militaire et d'une structure de forces en temps de paix. Au début des années 60, cette structure a été affinée par l'adoption d'un processus d'acquisition à coût majoré explicite. La justification de ce processus était, comme d'habitude, la sécurité nationale. Ce budget militaire s'est avéré aussi efficace pour réguler le secteur industriel que le contrôle du financement immobilier pour réguler le crédit. Ensemble, ils confèrent un contrôle virtuel sur l'économie, telle que mesurée conventionnellement en termes de produit intérieur brut (PIB) monétaire. Une réflexion de quelques instants sur la structure institutionnelle brièvement décrite ci-dessus montre clairement l'importance centrale du crédit fédéral dans sa souscription. Le gouvernement fédéral garantit les GSE en leur accordant une ligne de crédit subventionnée par le Trésor. Une subvention indirecte supplémentaire, sous la forme d'une baisse des coûts d'emprunt, découle de la conviction du marché que cela constitue une garantie gouvernementale implicite de leur solvabilité.

Si ce sujet suscite de temps à autre la controverse, la vérité est que les GSE ne sont pas les seules entreprises à bénéficier d'un soutien gouvernemental.

Depuis la faillite de Continental Illinois au début des années 1980, le gouvernement a fait savoir de manière informelle qu'il soutenait le système bancaire. Cela a été rendu encore plus explicite avec le renflouement de la Citibank au début des années 1990 et la subvention implicite que l'ensemble du secteur bancaire a reçue en conséquence. Les institutions financières ne sont pas non plus les seules à bénéficier de ce type de soutien. Lockheed Martin et Chrysler ont tous deux été sauvés de l'insolvabilité par le contribuable dans le passé, vraisemblablement en raison des facteurs suivants : leur statut de grands entrepreneurs de la défense. Un tel système accorde une grande importance à la taille, ne serait-ce que pour ce que le système bancaire appelle allègrement et sans grande conviction la doctrine du "trop gros pour faire faillite".[7] Mais pour les entreprises industrielles aussi, il y a une valeur significative à avoir une relation contractuelle avec le Pentagone. Non seulement il y a le "nirvana" économique du contrat à prix coûtant majoré, mais, si vous êtes assez grand, votre risque commercial fondamental est garanti pour des raisons de sécurité nationale. Ainsi, les entreprises ont tendance à migrer leurs activités vers les marchés militaires plutôt que vers les marchés purement civils ; aujourd'hui, la société Boeing est un parfait exemple de ce phénomène. Et le résultat est que les entreprises civiles, secteur après secteur, ont été poussées à l'insolvabilité ou à l'acquisition par les entités mêmes qui sont censées les protéger.

La dynamique des contrats à prix coûtant majoré est telle que les bénéfices augmentent à mesure que les coûts augmentent. Cela explique en grande partie la taille des budgets militaires américains, qui ont augmenté inexorablement au fil des ans, alors même que l'état de préparation militaire a diminué. Mais comme nous l'avons vu, les pertes en termes de baisse de productivité sont ressenties dans de larges pans de l'économie, car la concurrence des contrats non militaires est évincée ou acquise.

Il est évident que ces pertes dans l'économie réelle doivent être

---

[7] "Too big to fail", NDT.

financées, ce qui produit une demande de crédit plus élevée que ce ne serait le cas autrement. Compte tenu du déclin de la productivité et du rétrécissement de la base de production, il était inévitable qu'à un moment donné, les exportations nettes deviennent négatives, une situation dans laquelle les États-Unis sont entrés en 1982 et qui s'est intensifiée depuis. Actuellement, la dette extérieure nette des États-Unis est de l'ordre de 3000 milliards de dollars (30% du PIB) et augmente à un rythme de quelque 500 milliards de dollars par an (5% du PIB).

Pour financer un tel besoin d'emprunt à l'étranger sans dépréciation de la monnaie, il faut à la fois être capable de contrôler autant que possible les flux de trésorerie nationaux et obtenir la collaboration d'au moins quelques pays étrangers clés pour obtenir le même type de contrôle sur les flux de trésorerie internationaux. Dans ce dernier cas, cela prend la forme, en partie, d'une intervention de plus en plus importante de la part des pays qui ont des excédents en dollars et de fortes positions d'exportation nette pour empêcher les marchés de faire baisser le dollar.

En pratique, cela signifie qu'ils accumulent de plus en plus de dollars, qu'ils investissent à leur tour dans des titres du Trésor américain. Les étrangers détiennent aujourd'hui quelque 45% de l'encours de la dette du Trésor américain. En janvier, la Banque du Japon est intervenue sur les marchés des devises pour le compte du ministère des Finances japonais, achetant un montant énorme de 69 milliards de dollars au cours de ce seul mois, soit plus de 30% du total de ses interventions en 2003, qui était elle-même une année record.

Tout cela peut sembler n'avoir que peu de rapport avec le budget noir, que la plupart des gens associent aux opérations secrètes "noires" du renseignement. La vérité, cependant, est que le budget noir ne peut être compris isolément sans comprendre le contexte politique, historique et économique dont il découle. Une façon de le comprendre est de comparer les tendances. Par exemple, en 1950, le Dow Jones Industrials s'élevait à 200, et aujourd'hui le Dow est à 10 600. En 1950, le trafic de stupéfiants était un crime relativement inconnu aux États-Unis. Aujourd'hui, il est endémique, et pas seulement dans les villes, mais aussi dans les petites villes et les communautés rurales. En 1950, les États-Unis possédaient la plupart de l'or du monde et étaient le plus grand créancier du monde. Aujourd'hui, ils sont le plus grand débiteur du monde. En 1950, les États-Unis étaient un exportateur majeur de biens industriels vers le reste du monde. Sur la base des tendances actuelles, les États-Unis ne sont pas autosuffisants en produits manufacturés et n'auront même pas d'industrie manufacturière digne de ce nom d'ici 2020.

Y a-t-il un lien entre ces tendances ou sont-elles aléatoires ? Il peut sembler étrange de penser à une corrélation positive entre le trafic de stupéfiants et le marché boursier, mais réfléchissez : à la fin des années 1990, le ministère américain de la Justice a estimé que les produits de ce commerce entrant dans le système bancaire américain représentaient entre 500 et 1000 milliards de dollars par an, soit plus de 5 à 10% du PIB. Les produits du crime doivent trouver un moyen d'entrer dans les circuits légitimes, c'est-à-dire légaux, sinon ils n'ont aucune valeur pour leurs détenteurs. Si l'on imagine en outre que le système bancaire perçoit une commission de 1% pour le traitement de ce flux (plutôt faible si l'on considère que le blanchiment d'argent est un marché de vendeurs), les bénéfices que les banques tirent de cette activité sont de l'ordre de 5 à 10 milliards de dollars.

Le silence de la Réserve fédérale s'explique notamment par le fait que des agences du gouvernement lui-même sont impliquées dans le trafic de drogue depuis plus de soixante ans. Pour comprendre le budget noir, il faut être conscient de la pratique américaine consistant à ouvrir le marché de consommation américain des drogues aux exportateurs étrangers afin de poursuivre des objectifs stratégiques à l'étranger.

La portabilité des stupéfiants et l'augmentation considérable des prix entre la production et le point de vente en font une source de financement particulièrement utile pour les opérations secrètes. Plus important encore, le produit de la vente des stupéfiants échappe totalement aux canaux de financement conventionnels et constitutionnels. Cela explique en partie l'omniprésence du trafic de stupéfiants dans les zones de conflit du monde entier, de la Colombie à l'Afghanistan.

L'impact du trafic de stupéfiants sur les communautés et les économies au point de vente est toutefois peu étudié. Prenons, par exemple, l'impact sur les marchés immobiliers et les services financiers. L'immobilier est un secteur attrayant pour employer l'excédent d'argent liquide résultant de la vente de stupéfiants, car il est, en tant qu'industrie, entièrement non réglementé en ce qui concerne le blanchiment d'argent. L'argent liquide étant un mode de paiement acceptable et, dans certains endroits, familier, de grosses sommes peuvent être écoulées facilement et sans trop de commentaires. Cela peut entraîner, et entraîne effectivement, une distorsion considérable de la demande locale et, à son tour, alimenter la spéculation immobilière et la demande accrue de crédit pour la financer, ainsi que des possibilités considérables de spéculation et de fraude.

L'épisode de l'Iran Contra, dans les années 1980, contenait tous ces éléments ; bien que beaucoup connaissent la vente d'armes à l'Iran pour financer les guérillas soutenues par la CIA au Nicaragua et les escadrons de la mort au Salvador, on connaît moins le pillage systématique des institutions financières locales et la vente de stupéfiants aux États-Unis. Et lorsqu'une banque fait faillite, ce sont les actionnaires, les déposants non assurés et le contribuable qui paient la facture.

Ce qu'il faut retenir, c'est que le trafic de stupéfiants crée un environnement dans lequel les incitations à s'engager dans une activité non économique sont plus importantes que celles à s'engager dans une activité économique. En un mot, les profits tirés du vol sont plus élevés que ceux tirés du respect des règles.

Ce qui compte du point de vue de la politique publique dans l'économie cartellisée, c'est la capacité de contrôler et de concentrer les flux de trésorerie de toute nature. À cette fin, il est moins important qu'une banque fasse faillite que le crédit fédéral soit disponible pour compenser les pertes. Ce faisant, le coût monétaire des pertes est transféré, ou socialisé, sur la base du contribuable national. Par conséquent, tant qu'il y a des prêteurs volontaires pour le gouvernement fédéral, le jeu peut continuer. Une brève introduction à la Réserve fédérale vue comme une entreprise criminelle à travers les yeux du membre du Congrès Louis T. McFadden, qui fut un temps le président de la Commission bancaire de la Chambre des représentants, peut s'avérer éclairante :

> *Il n'y a pas un seul homme ici présent qui ne sache pas que le système de la Banque de la Réserve Fédérale soit la plus grande escroquerie jamais conçue par l'homme !*

C'est ce qu'a dit un grand patriote américain, feu le député Louis T. McFadden, un homme d'État courageux qui a combattu le monstrueux cancer de la nation américaine pendant toutes les années où il a siégé au Congrès. Ce brave patriote compte parmi les grands héros des États-Unis, un homme qui a payé de sa vie pour avoir osé dénoncer l'esclavage monétaire flagrant imposé par le Federal Reserve Act de 1913 à la nation qu'il aimait.

Deux tentatives de meurtre de McFadden ont eu lieu, mais elles ont échoué : la première a eu lieu lorsque des coups de feu ont été tirés sur lui alors qu'il descendait d'un taxi devant un hôtel de Washington. Les deux tirs ont échoué, les balles se logeant dans la carrosserie du taxi au lieu de la victime visée. La deuxième tentative d'assassinat de McFadden a eu lieu par le biais de la coupe empoisonnée. Heureusement pour McFadden et la nation américaine, un médecin était présent à un dîner auquel il assistait. Le médecin a pu mettre en place un lavage d'estomac et arracher McFadden des mâchoires de la mort à temps. La troisième tentative s'est également faite par le biais de la coupe de poison : cette fois, elle a été couronnée de succès. Étrangement, le certificat de décès mentionne comme cause de la mort une "insuffisance cardiaque".

> ➢ Qu'est-ce qui compose le système bancaire central corrompu, et qui sont les hommes qui le dirigent ?
>
> ➢ Qui sont ces hommes qui tiennent le peuple américain en esclavage ?

> ➢ Qui sont les personnes qui ont réussi à contourner la Constitution des États-Unis ?

> ➢ Qui sont ces gens qui se moquent du 4 juillet ?

Dans cet ouvrage, je tente de faire la lumière sur ces hommes sombres et sinistres et sur leur système bancaire de type "putain de Babylone", dont chaque membre du Congrès semble avoir peur.

Lorsque les conspirateurs de la Réserve Fédérale ont réussi à obtenir l'adoption de leur monstrueux projet de loi et lorsque le 16ème amendement a été adopté, le chapitre des années de complot visant à mettre en place la méthode la plus terriblement efficace pour exploiter et voler le peuple américain jamais connue dans l'histoire de l'humanité a été refermé.

Les efforts concertés d'un groupe d'hommes sans scrupules pour renverser les dispositions contenues dans la Constitution des États-Unis d'Amérique ont été récompensés par l'adoption du Federal Reserve Act, qui a placé le pouvoir et la tyrannie financière entre les mains de quelques hommes sans visage. Il est futile et même insensé de parler de liberté et de justice tant que le système bancaire de la Réserve fédérale est vivant et bien portant. Nous n'avons pas de liberté ni de justice tant que la Réserve fédérale reste en place. Nous sommes des esclaves dans un sens très réel, car n'est-il pas vrai que chacun d'entre nous doit à la Réserve Fédérale plus de 23 000 dollars ? C'est ce qu'ils disent ! Sommes-nous accablés par la soi-disant "dette nationale" ?

Si la réponse est "oui", alors nous sommes effectivement des esclaves. Le système de la Federal Reserve Bank est construit autour de douze banques privées. Un certain nombre de banques ont été habilement requalifiées pour qu'on ne puisse jamais l'appeler "une banque centrale", mais personne n'a été dupe d'une telle supercherie !

Le monopole bancaire privé connu sous le nom de Réserve Fédérale a placé l'Amérique entre les mains d'un maître d'œuvre des plus hideux, bien pire que les maîtres d'œuvre des pharaons de l'Égypte ancienne. Le manquement au devoir le plus répréhensible de la part du Congrès s'est certainement produit en 1913, lorsqu'il a donné le pouvoir de vie et de mort sur le peuple américain à une bande d'hommes que le grand écrivain H.L. Mencken a décrits comme "des crapules de bas étage".

Les banques de la Réserve fédérale (connues sous le nom de Fed) sont calquées sur "la vieille dame de Threadneedle Street" (la Banque d'Angleterre) dont l'architecte en chef, J.P. Morgan, a toujours été l'agent fiscal de la monarchie européenne. La dynastie bancaire construite par le "vieux John P" représente toujours les Fondi, c'est-à-dire les anciennes familles royales et leurs cousins vénitiens de la noblesse noire. C'est encore très largement l'état des choses en 2007.

La "Fed" a pu engranger d'énormes profits chaque année et n'a pas été remise en cause sur le plan constitutionnel jusqu'à l'arrivée de McFadden. En 1930, McFadden a intenté un procès à la Réserve fédérale pour obtenir la restitution de 28 milliards de dollars, qui, selon lui, avaient été volés au peuple américain. L'attaque de McFadden contre les portails sacrés de la "Fed" a provoqué une onde de choc à Wall Street. Elle a été perçue comme un défi inconvenant à la dynastie Rothschild, fondée par Meyer Amschel Rothschild dont la plus grande réussite a été d'installer son agent, August Belmont (un nom d'emprunt), à la tête des affaires fiscales et monétaires de la nation la plus puissante de la planète. Un autre agent de Rothschild était Alexander Hamilton (également un nom d'emprunt) qui est apparu sur la scène de Washington et de New York depuis les Antilles.

Hamilton, en réalité un agent des services secrets britanniques, a rapidement pris le contrôle des politiques monétaires des États-Unis avec l'entière coopération et le soutien de Belmont. Hamilton et Belmont ont réussi à s'insinuer dans les cercles bancaires de Wall Street et dans la haute société new-yorkaise, en un laps de temps étonnamment court. Ensemble, Hamilton et Belmont ont contribué aux fondations de ce qui allait devenir le plus grand État esclavagiste jamais connu de l'homme, les États-

Unis d'Amérique. Personne ne semblait se soucier du fait que "la Fed" n'était pas une banque de réserve au sens propre du terme, et qu'en tant que telle, elle était une gigantesque escroquerie et un canular.

Cela a été rendu possible par une politique délibérée consistant à ne jamais enseigner ne serait-ce que les rudiments de l'argent dans nos écoles et nos universités, ce qui, combiné aux menaces et à l'intimidation, suffit à rendre l'argent "mystérieux" et soi-disant difficile à comprendre. Un Congrès sans chef et sans volonté n'a fait qu'ajouter au manque de compréhension des concepts de base de l'"argent".

Le Congrès est encore à ce jour en flagrant délit de manquement à ses devoirs, car il permet à la "Fed" de se perpétuer aux dépens du peuple américain, sachant pertinemment que la "Fed" est une institution illégale. Comment un cauchemar aussi terrifiant a-t-il pu devenir une réalité ? Comment tout cela a-t-il commencé ? Comment les banques centrales d'Europe ont-elles réussi à subvertir la Constitution des États-Unis — qu'elles détestaient tant — apparemment sous le nez du Congrès, censé avoir été élu pour la faire respecter ? Comment se fait-il que des hommes malfaisants aient pu surmonter la seule disposition de la loi des États-Unis, qui était là pour protéger le peuple américain contre les "crapules sans scrupules" des banques centrales d'Europe ?

Ayant placé leurs représentants à des postes clés à la Chambre et au Sénat, les banquiers européens, les conspirateurs, ont avancé rapidement pour consolider la tête de pont qu'ils avaient établie.

Le seul homme qui a vu de quoi il s'agissait était le président Andrew Jackson. Élu sur la promesse qu'il fermerait la deuxième banque des États-Unis, le précurseur des banques de la Réserve fédérale d'aujourd'hui, la deuxième banque des États-Unis a été imposée à Madison et aux républicains en 1816, après des années de pression incessante de Wall Street. Tout comme la First United States Bank, qui avait une charte de 20 ans, la Second United States Bank était également une banque privée, qui n'offrait aucun avantage au peuple américain. Son seul but était d'enrichir les actionnaires de la banque aux dépens du peuple américain, ce que Jackson a rapidement remarqué.

Jackson condamna ouvertement la banque, et sa stratégie consistant à interdire le dépôt de l'argent du gouvernement dans la Second United States Bank eut un succès dévastateur. Ses attaques contre la banque et ses actionnaires ont été rapides et sans équivalent dans l'histoire de la banque aux États-Unis. Dans ce domaine, Jackson a bénéficié du soutien de la majorité du peuple américain, et lorsqu'il s'est présenté à la réélection, il a été renvoyé à la Maison-Blanche dans un flamboiement de gloire. Il remporte une grande victoire pour le peuple américain et oppose rapidement son veto à un projet de loi adopté par le Congrès qui aurait prolongé la durée de vie de la deuxième United States Bank.

Jackson était extrêmement populaire auprès du peuple. La dette nationale est effacée et le gouvernement parvient à dégager un excédent. Jackson a ordonné que 35 millions de dollars de l'excédent de la nation soient distribués entre les États, ce qui était l'intention des rédacteurs de la Constitution. Ce qui est inquiétant, c'est que même en 1832, la banque a été votée par le Congrès. Depuis lors, la Chambre et le Sénat ont refusé de fermer la Réserve fédérale et nous assistons régulièrement au spectacle de nos législateurs faisant des courbettes au président de la "Fed", quel qu'il soit, d'Arthur Burns à Alan Greenspan.

Il est affligeant de constater la façon dont les législateurs tirent sur leur cravate collective chaque fois que le président de la "Fed" est appelé à témoigner devant les comités. Je n'oublierai jamais un incident particulier où Volcker était assis et soufflait de la fumée de cigare au visage des membres du comité, tandis que le sénateur Jake Garn de l'Utah s'inclinait généreusement devant lui. Mais les sénateurs de la commission ont tout simplement fermé les yeux sur ce que Volcker représentait, contribuant ainsi à souiller la Constitution qu'ils ont juré de défendre.

La Constitution est très claire sur qui doit contrôler l'argent :

L'article 1, section 8, paragraphe 5, stipule :

"... Que seul le Congrès aura le pouvoir de frapper de la

monnaie, d'en réglementer la valeur et celle des pièces étrangères."

Il poursuit :

"Aucun État ne fera de pièces autres que l'or et l'argent un moyen de paiement des dettes."

La Constitution ne permet nulle part au Congrès de déléguer son autorité. La question brûlante de chaque élection devrait être le maintien de l'existence du Conseil de la Réserve Fédérale et chaque candidat à quelque poste que ce soit devrait être obligé de signer un engagement selon lequel il ou elle votera pour abolir la "Fed" s'il ou elle est élu(e), un tel engagement devant être légalement contraignant. Le non-respect de cet engagement doit être un motif de révocation pour le contrevenant.

Les personnes responsables de l'arrivée de la Fed sur les côtes américaines appartiennent à une galerie de voyous. Salmon P. Chase, J.P. Morgan, Alexander Hamilton, Colonel Mandel House, Aldrich Vreeland, A. Piaff Andew, Paul Warburg, Frank Van der Lip, Henry P. Davison, Charles D. Norton, Benjamin Strong, le président Woodrow Wilson, Arsène Pujo et Samuel Untermeyer, pour ne citer que quelques-uns des dignes candidats.

Ces hommes et leurs alliés de Wall Street ont fait plus de dégâts à la jeune nation américaine que n'importe quelle armée étrangère attaquant nos côtes n'aurait jamais pu le faire. Si nous devions être envahis et vaincus par une puissance étrangère, nous ne pourrions pas être plus asservis que nous ne le sommes maintenant, moins libres, avec moins de raisons de croire en l'avenir de l'Amérique envisagée par nos Pères fondateurs. Nous sommes pris dans les rets d'une escroquerie monstrueuse aux proportions si immenses que les hommes raisonnables refusent d'y croire. Le grand patriote américain William Jennings Bryan s'est élevé contre cette nouvelle forme d'esclavage et a condamné les aristocrates du papier-monnaie :

> *Le Congrès a le seul pouvoir de frapper et d'émettre de la monnaie. Nous exigeons que tout papier-monnaie, qui est rendu légal, soit remboursable en pièces.*

Mais comme Jean le Baptiste, il était une voix qui criait dans le désert. Le Federal Reserve Act a été adopté par le Congrès le 30 mai 1908, après une "panique" soigneusement préparée et mise en scène en 1907, dont Morgan était le principal instigateur et architecte. Même en 2007, Morgan, par l'intermédiaire de son directeur général, Dennis Weatherstone, continue de dicter quotidiennement sa politique fiscale au secrétaire d'État, sous le drapeau britannique qui flotte au-dessus des bureaux de Morgan à Wall Street.

Le projet de loi de 1908 était intitulé "Aldrich Vreeland Emergency Currency Act". Le nom même a été choisi dans l'intention de tromper le public. Il n'y avait pas d'urgence. Incidemment, Nelson Aldrich était le grand-père de David Rockefeller, et Edward B. Vreeland était un banquier-député de New York, qui a volontiers effectué le service requis pour ses maîtres, en violation de son serment de défendre la Constitution. C'est ainsi qu'ont été jetées les bases de la guerre contre le peuple. Que personne ne lise ce message en croyant le contraire. L'établissement de la Fed était une déclaration de guerre contre le peuple des États-Unis.

L'histoire révèle trois types et styles fondamentaux de guerres. La seule méthode directe pour faire la guerre est la religion, qui consiste à demander aux gens de vider leurs poches pour obéir à Dieu, qui s'avère généralement avoir une adresse terrestre. Cette méthode est plutôt faillible, car la désillusion s'installe assez rapidement et il est de plus en plus difficile de la faire reculer. La guerre par le biais de la conquête militaire est bien sûr la méthode la plus facilement reconnaissable, mais elle coûte beaucoup d'argent pour maintenir l'occupation du pays conquis, qui n'est jamais vraiment conquis, à moins que la haine implacable envers les envahisseurs ne puisse être surmontée.

Dans le cas de la révolution bolchevique, de la Chine de Mao et du Pol Pot du Cambodge, cela a été accompli par le meurtre de millions de personnes, qui ont été appelées "contre-révolutionnaires et dissidents". La même chose se produira aux États-Unis lorsque notre tour viendra, comme ce sera sûrement le cas si nous continuons à ignorer la domination écrasante de la "Fed". Si nous ne commençons pas à détourner nos énergies des opiacés de la télévision et de la drogue du sport de masse, nous sommes assurés d'avoir une place dans l'histoire comme la plus grande nation à être subjuguée dans l'histoire du monde.

La troisième forme de guerre, et peut-être la plus efficace, est la guerre économique. Il est exact de dire que toutes les guerres sont d'origine économique. Les guerres sont enracinées dans l'économie et il en a toujours été ainsi. Dans ce cas, la population conquise est plus docile et coopérative envers ses ravisseurs. Elle jouit d'une certaine liberté de mouvement, de religion, de réunion, et elle se soumet même à la farce de l'élection de représentants tous les deux ou quatre ans. Ce que nous avons aujourd'hui en Amérique n'est pas un système bancaire, mais une aberration de celui-ci, dans lequel le vol à grande échelle est pratiqué.

Le système est complètement perverti et dirigé par des escrocs en costume d'affaires, installés dans des bureaux lambrissés où ils cachent leur identité au peuple américain. Aujourd'hui, 85 ans après que le système bancaire de la Réserve fédérale a été imposé par le Congrès, les noms des hommes qui contrôlent les finances de notre pays ne nous sont toujours pas connus. En ces jours de "gouvernement ouvert" et d'une abondance de lois interdisant les portes fermées dans les affaires publiques, ces "carpetbaggers"[8] sont encore capables de conduire les affaires bancaires de la nation en secret ! Comment est-il possible que nous, le peuple, tolérions une situation permanente où nous n'avons aucun moyen de savoir qui sont ces hommes, et donc, nous ne sommes jamais en mesure de les tenir responsables ? Le droit de frapper de la monnaie et d'en réglementer la valeur appartient exclusivement au peuple, et pourtant nous continuons, année après année, à

---

[8] "Marchands de tapis", expression méprisante pour qualifier les banquiers-commerçants-usuriers qui se sont emparés du système monétaire des nations.

permettre à ces voleurs de continuer à rançonner la nation.

Les États-Unis gèrent leurs affaires monétaires et fiscales avec de la monnaie de chéquier sans valeur et des obligations de la Réserve fédérale. Le véritable argent, la pièce de monnaie de la nation, a toujours été émis par le gouvernement à une époque qui semble aujourd'hui révolue. Maintenant, il est passé dans les mains de voleurs haut placés. Par le biais d'une entrée dans le grand livre, la Réserve fédérale crée de l'argent à partir de rien, puis le prête au Trésor américain à un taux d'usure qui étouffe régulièrement la nation. Qu'est-il arrivé à la loi biblique selon laquelle l'usure est un crime capital ? La guerre économique menée contre le peuple de cette nation est arrivée à un point où, si nous n'y mettons pas fin, d'énormes changements dans notre mode de vie s'ensuivront. Nous sommes déjà un peuple asservi ; il ne reste plus aux maîtres de la Réserve fédérale qu'à l'officialiser.

En 1910, les conspirateurs se sentent forts pour agir contre le peuple américain qui ne se doute de rien. Le Train scellé est parti le soir du 22 novembre 1910 pour préparer le terrain. Comme Lénine, ils pensaient qu'un train scellé était le meilleur moyen d'obtenir un anonymat total. Le train scellé part de Hoboken, dans le New Jersey, à destination de Jekyll Island, au large de la Géorgie.

Jamais dans l'histoire un ennemi aussi redoutable n'a entrepris de faire la guerre à une nation qui ne se doute de rien. Leurs armes étaient la traîtrise, la sédition, le mensonge et la tromperie. Dirigé par le sénateur Nelson Aldrich, le groupe était composé de A. Piatt Andrew, secrétaire adjoint au Trésor, de Charles D. Norton représentant la First National Bank of New York, de Frank Van Der Lipp de la National City Bank of New York, de Henry P. Davison de J.P. Morgan, de Paul Moritz Warburg, de Benjamin Strong et de plusieurs acteurs bancaires de moindre importance. Le projet dans lequel ils s'embarquaient était si odieux, la cause si profonde, que j'ose suggérer qu'elle dépasserait la douleur et la souffrance de toutes les guerres auxquelles les États-Unis ont pris part.

La première indication du groupe et de leur convocation à Jekyll Island se trouve dans un article publié par E.C. Forbes en 1916. Aucun des participants de Jekyll Island n'a écrit sur son projet. Bien que Carter-Glass, Warburg et House aient tous écrit des volumes sur leur création Frankenstein, aucun d'entre eux n'a révélé le rôle qu'ils ont joué dans le complot visant à déposséder le peuple américain de son héritage. Il ne fait aucun doute que l'esprit moteur et la main directrice étaient Paul Moritz Warburg, car il avait l'expérience des banques centrales européennes qui manquait aux autres.

Aldrich n'était, à mon avis, qu'un messager commode de Warburg au Sénat. Sa seule raison d'être incluse dans la conspiration de l'île Jekyll était la volonté qu'il avait montrée de rédiger la législation et d'exécuter les ordres de Warburg et des banquiers de Wall Street.

Ferdinand Lunberg, dans son ouvrage intitulé "*Soixante familles*", a déclaré :

> "La longue conférence de Jekyll Island s'est déroulée dans une atmosphère de secret élaboré. Le voyage vers la Géorgie s'effectue dans une voiture privée affrétée par Aldrich et les voyageurs, tous de manière à ce que l'équipage du train ne puisse pas établir leur identité. Pendant longtemps, on a cru qu'aucun conclave n'avait eu lieu. Les financiers voulaient une banque centrale sur le modèle européen pour faciliter la manipulation à grande échelle de l'économie nationale.
>
> On souhaitait un instrument qui fonctionnerait comme l'avait fait la United States Bank, démolie par Andrew Jackson parce qu'elle concentrait trop de pouvoir entre des mains privées. Le vétéran Nelson Aldrich a présenté un scénario élaboré par les "chasseurs de canards" de l'île Jekyll, qui a été immédiatement qualifié d'entreprise infâme de Wall Street et qui, pour l'instant, n'a pas abouti."

La tâche de l'administration Wilson consistait essentiellement à inscrire la mesure dans le recueil des lois, mais sous un déguisement excentrique. La tâche de rédiger un tel projet de loi a été confiée à Warburg, l'un des banquiers les plus expérimentés du groupe de comploteurs. Warburg collaborait avec les grands financiers de Wall Street, comme le révèlent ses mémoires, et lorsque l'avis de l'administration était nécessaire, il s'entretenait avec le colonel Edward M. House.

Le projet de Wall Street, superficiellement révisé par Wilson et Carter Glass, n'était que le schéma du chasseur de canards de l'île Jekyll pour une banque centrale habillée d'oripeaux. Il a suscité une certaine opposition de la part des personnes mal informées de Wall Street, mais il a été largement soutenu par l'association bancaire américaine. En pratique, la Federal Reserve Bank de New York est devenue la tête de pont d'un système de douze banques régionales. Les onze autres étaient autant de mausolées créés pour résoudre le problème d'une banque centrale et pour apaiser les craintes jacksoniennes dans l'arrière-pays et contourner la restriction constitutionnelle contre une seule banque centrale.

Peut-on imaginer quelque chose de plus humiliant que les grands États-Unis, résolus à être libres, et qui ont traversé une guerre majeure avec l'Angleterre pour atteindre leur objectif, soient maintenant trompés par un groupe de banquiers traîtres ? Comme je l'ai dit ailleurs, et dans d'autres de mes publications, les femmes et les enfants américains sont obligés d'aller travailler en nombre croissant, pour un salaire de moins en moins élevé chaque année, tandis que leurs maris et pères désabusés et sans emploi sont obligés de rester à la maison parce qu'il n'y a pas de travail pour eux. Le divorce est en plein essor, tout comme le meurtre d'enfants à naître non désirés. L'avortement est devenu un abattoir légal, générant beaucoup d'argent pour ceux qui dirigent les charniers. Tout cela est l'œuvre du Comité des 300 et de leurs serviteurs qui sont des traîtres et des séditieux, qui ne tiennent pas compte de la Constitution.

Le changement par rapport aux temps anciens où seule la "couronne" pouvait émettre de la monnaie s'est produit en substituant la théologie aux méthodes scientifiques, et la philosophie a perdu sa place au profit de la corruption et du pragmatisme, à peine déguisés en méthodes bancaires modernes.

Nous avons permis aux banques de créer quelque chose à partir de rien. Qu'est-ce que l'homme a jamais créé ? La réponse est, à part "l'argent", exactement rien. Créer signifie faire quelque chose, qui n'existait pas auparavant. Que voyons-nous lorsqu'il s'agit de papier-monnaie ? Notre gouvernement dit qu'il a cours légal. Mais il s'agit d'un papier sans valeur sur lequel une série de dénominations ont été inscrites, de sorte qu'il peut être "échangé" contre quelque chose de valeur réelle, comme une maison, par exemple. Mais même un foyer ou une maison n'est pas créé.

Elle est construite par l'homme qui utilise son ingéniosité pour changer la forme de certaines substances qui existaient déjà, des substances comme l'argile, la silice, les planches de bois, combinées à son travail pour obtenir un produit fini. Cela coûte quelque chose de construire une maison, mais cela ne coûte presque rien à nos maîtres esclavagistes de la "Fed" de "créer de l'argent". En fait, le seul coût est celui de l'impression, et même celui-ci est en grande partie supporté par quelqu'un d'autre que la Réserve fédérale. Il n'est donc pas difficile de voir à quel point ce que la Bible appelle "la prostituée de Babylone" est injuste et inéquitable.

Peut-on se passer d'argent ? La réponse est non, mais par la même occasion, le faiseur d'argent — l'homme qui, par son ingéniosité et son travail, a construit la maison — devrait être — mais n'est pas — amplement récompensé.

La seule façon de rééquilibrer cette inégalité est de retirer le pouvoir de créer de l'argent (par opposition à celui d'en gagner) des mains des parents des Bandits du Train scellé de Jekyll Island. Si nous n'y parvenons pas, et si nous ne rendons pas au Congrès le pouvoir de créer de l'argent, nous sommes une nation condamnée. Lorsque Woodrow Wilson a été contraint par le chantage de signer le Federal Reserve Act sous la contrainte de l'exposition des lettres d'amour de Peck, nous, en tant que nation, avons perdu nos droits inaliénables et notre liberté. Ce jour d'infamie où un grand nombre de nos législateurs ont décidé qu'il était plus important d'être à la maison pour Noël que de monter la garde contre les pirates barbaresques de l'île Jekyll était en effet un jour d'infamie sans commune mesure avec Pearl Harbor.

"Qu'est-ce qui est si mauvais, qu'est-ce qui ne va pas avec la Fed ?" me demande-t-on souvent. Pour commencer, tout cela n'est qu'un monstrueux mensonge : ce n'est pas une institution gouvernementale et elle est illégale parce que la plus haute autorité légale de la nation, la Constitution, dit qu'elle est illégale. Cela fait de nous tous des hors-la-loi, vivant dans une société hors-la-loi. La Réserve fédérale vole des milliards de dollars aux producteurs de richesses réelles, en imposant des paiements d'usure (intérêts), en extorquant de l'argent aux producteurs de richesses par le biais de paiements d'usure (intérêts).

Le résultat final est que nous, le peuple, sommes obligés de payer à un groupe de banquiers inconnu et sans visage des milliards de dollars en argent de tribut.

Nous payons à un groupe d'escrocs sans visage des milliards d'intérêts sur de l'argent que nous sommes obligés d'emprunter à ceux-là mêmes à qui nous l'avons obligeamment donné gratuitement au départ. Pire encore, en agissant de la sorte, nous donnons à ces banquiers les moyens et les ressources nécessaires pour diriger notre économie dans la direction que le Comité juge souhaitable.

Chapitre 13

Le coup d'État de la Réserve Fédérale

En 1929, les États-Unis sont un pays prospère, malgré la désastreuse Première Guerre mondiale dans laquelle Wilson les a entraînés. Le pays possédait toutes les compétences, les ressources naturelles et l'ingéniosité nécessaires pour en faire une véritable grande puissance industrielle dans le monde. Les terres agricoles étaient abondantes et fertiles, notre peuple était prêt à travailler dur et longtemps pour produire une véritable richesse sous forme de biens et de services. Mais ceux qui ont participé au bradage de la nation à Jekyll Island n'étaient pas satisfaits. La cupidité les a dominés. En faisant déraper l'économie de-ci de-là, le comité des 300 a réussi à détruire le rêve américain en organisant de graves pénuries de la masse monétaire. Les États-Unis n'ont jamais été asservis par une armée envahissante ni frappés par la faim et les épidémies. Quoi qu'il arrive, nous pouvions le gérer. Mais alors les fournisseurs d'argent ont décidé de couper l'approvisionnement en argent au moment où il était le plus nécessaire pour soutenir le sang de la nation.

Que s'est-il passé en conséquence ? Notre pays a été décimé. La ville culturelle de Dresde n'a pas autant souffert des bombardements meurtriers de Winston Churchill, lors de la Seconde Guerre mondiale, que l'Amérique n'a souffert de la dépression de 1929-1930.

Les banques de la Réserve fédérale, délibérément et avec une intention malveillante, ont retiré 8 milliards de dollars de la masse monétaire, jetant 25% de la main-d'œuvre au chômage. Elles ont refusé des crédits et des prêts aux agriculteurs et aux hommes d'affaires. Puis, quand personne n'a pu payer, ils ont saisi la vraie richesse de la nation : les maisons, les fermes, les propriétés et les équipements.

En d'autres termes, le Federal Reserve Board, l'entité illégale, créée par un coup d'État en temps réel, a privé la nation de sa richesse réelle en biens et services en resserrant la masse monétaire, ce qui lui a permis de s'approprier des biens immobiliers pour une bouchée de pain lors du krach post Wall Street aux États-Unis. Cela pourrait se reproduire à tout moment. La machinerie, qui a permis à la Réserve fédérale de nous voler, est toujours en place, intacte aujourd'hui, comme elle l'était en 1929. Bien sûr, c'est pour cela qu'elle a été conçue.

La Réserve fédérale n'a jamais été auditée. Le General Accounting Office (GAO), chien de garde des dépenses publiques, n'a jamais été autorisé à le faire. Sous la pression de McFadden, le GAO a fait un effort pour auditer la Réserve fédérale. L'équipe d'audit a été arrêtée aux portes de la banque par Arthur Burnseig, qui se présentait sous le nom d'Arthur Burns. Il a refusé de laisser l'équipe d'audit entrer dans la banque. Burns était secrétaire du Trésor à l'époque ; en d'autres termes, il était un fonctionnaire, mais il agissait pour ses maîtres, la Réserve fédérale privée.

Je ne veux pas transformer cet article en un discours sur les aspects techniques de l'économie, de l'argent, de la monnaie et des banques, je vais donc essayer de me limiter à des faits simples. La façon dont le système bancaire de la Réserve fédérale est mis en place permet à la banque d'obtenir d'énormes bénéfices à nos dépens. C'est, en fait, le point essentiel de tout cet exercice.

Examinez les faits et vous constaterez que les cartes sont empilées contre nous dans le système actuel. Le système monétaire est coûteux. Il fait payer de l'argent (usure) pour prêter de l'argent, c'est-à-dire de l'argent utilisé par la communauté pour créer de la richesse réelle. En tant que tel, il est grossièrement inefficace, profitant à quelques-uns et pénalisant la majorité. En bref, il est conçu pour créer une pénurie d'argent là où il n'y en a manifestement pas. Cela crée des problèmes sociaux, qui sont continuellement aggravés, rendant la nation incompatible avec un bon gouvernement, la justice sociale, la liberté et un ordre social correctement constitué. Dans tout cela, vous trouverez les graines de la révolution. La révolution ouvre la voie au gouvernement pour suspendre les dispositions de la Constitution. Bientôt, "1984" sera à nos portes. Au nom du bon ordre, on nous dira que nos libertés civiles doivent être suspendues. Nous pouvons facilement voir comment nous avons été conduits dans un piège dont il est impossible de s'échapper, à moins d'agir avant que le piège ne soit déclenché. Ce que nous devons réaliser, c'est que par des moyens subtils, le droit inaliénable de Nous, le Peuple (via nos représentants élus) a été subverti. En supprimant les pièces de monnaie et en les remplaçant par de la monnaie de crédit et de chéquier, notre droit d'émettre cette monnaie et le contrôle de sa valeur ont été transférés à la fraternité bancaire par le biais de leur monopole sur le crédit. L'effet pratique de ce transfert a été de placer entre les mains d'hommes sans scrupules le pouvoir d'opposer leur veto à la volonté du peuple exprimée par le Congrès et le Président.

S'il y a jamais eu un coup d'état presque parfait, c'est celui-là.

C'est pourquoi il est si difficile d'attribuer la faute à qui de droit. Combien de fois n'avons-nous pas entendu des électeurs mécontents jurer de ne plus jamais voter pour un président parce que sa politique économique n'a pas fonctionné ? La vérité, c'est que les politiques économiques d'un président n'ont jamais la chance de décoller.

Le président ne contrôle pas le destin économique de l'Amérique. Cette prérogative appartient à la Réserve Fédérale. Le peuple, le président, a perdu le pouvoir de contrôler l'argent en 1913, et avec lui, le contrôle de notre destin collectif.

Pour en revenir maintenant aux conspirateurs et à leur réunion de Jekyll Island, Paul Mortiz Warburg est l'homme qui a trouvé un titre pour la nouvelle banque centrale. C'est Warburg qui a dit qu'Aldrich ne devait pas utiliser son nom dans le préambule du projet de loi, car cela pourrait alerter l'opposition au Congrès, qui avait précédemment rejeté les mesures d'Aldrich pour établir une banque centrale. Warburg insiste pour que les dispositions de la Reichsbank allemande soient intégrées dans le libellé de la mesure, à savoir que le contrôle total des taux d'intérêt est confié à la Réserve fédérale, ainsi que le contrôle de la contraction et de l'expansion du crédit. C'est cette disposition qui a provoqué la dépression des années 1930. Warburg déclara qu'à son avis, le système bancaire américain,

"... a fait violence à presque tous les principes bancaires sacrés de l'Ancien Monde."

Warburg l'emporta, et ce que le Congrès signa si allègrement ressemblait de près à la Constitution de la Reichsbank. Wilson a complété le cercle de la trahison en nommant Warburg comme premier président de la Réserve fédérale, un poste qu'il a continué à occuper même après que Wilson ait entraîné l'Amérique dans une guerre avec l'Allemagne, le pays natal de Warburg. Tel est le pouvoir de la conspiration "Un monde, un gouvernement". Aucun sacrifice d'autrui n'est trop grand pour eux, aucun objectif n'est inatteignable, personne n'est à l'abri de leurs machinations, qu'il s'agisse du président des États-Unis ou d'un subalterne. On pourrait penser que le gouvernement et nos représentants au Congrès seraient désireux, voire carrément anxieux, de porter la vérité sur la Réserve fédérale à l'attention du public. Rien ne pourrait être plus éloigné de la vérité. Le crime consistant à modifier secrètement les lois monétaires des États-Unis a été dissimulé au peuple. À mon avis, il ne peut y avoir de plus grand crime que celui-là. Pline l'historien appelle de telles actions "un crime contre l'humanité". En cachant au peuple la véritable intention et le but du Federal Reserve Act de 1913, le Congrès et l'American Banking Association se sont rendus coupables d'un crime odieux contre l'humanité.

Alexander Hamilton a voté pour adopter les méthodes du système européen de banque centrale et les insérer dans les lois bancaires des États-Unis, contribuant ainsi considérablement à subvertir la Constitution américaine, qui interdisait une banque centrale. Hamilton a délibérément subverti la volonté des auteurs de la Constitution pour qu'elle soit contournée à la demande de son maître, Rothschild. Hamilton a aidé et encouragé à modifier les conditions, qui ont ensuite fourni un climat fertile pour la naissance du plus grand monopole bancaire connu de l'homme, à savoir, la Réserve fédérale.

Avec notre système monétaire enfermé dans une condition instable et bancale permanente dont il ne peut s'échapper, il y a peu d'espoir de devenir un jour un peuple vraiment libre. Au début des années 1800, les cycles commerciaux étaient absolument inconnus, car ils ne pouvaient tout simplement pas se produire dans le cadre des politiques monétaires, qui ont été suivies jusqu'à la fin de ce siècle. Ce que "notre" système fait maintenant, c'est garantir la déflation en essayant de la retenir par des politiques de crédit qui augmentent les prix et accroissent en fait les chances d'inflation.

L'intérêt (l'usure) est l'autre cause des cycles commerciaux, notre économie occidentale étant fondée sur la dette, une situation qui peut conduire, et conduira, à la destruction de la civilisation. Aujourd'hui, en Amérique, nous sommes préoccupés par la justice sociale, mais nous ne pouvons pas avoir de justice sociale tant que la Réserve fédérale n'est pas fermée et la dette nationale abolie par un acte du Congrès. Comment une nation peut-elle survivre, et encore moins progresser, lorsque les situations monétaires suivantes prévalent ? Ce qui suit est une conspiration ouverte que les législateurs connaissent, mais à laquelle ils ne feront rien pour remédier.

> ➢ L'émission de la monnaie et le contrôle de sa valeur sont entre les mains d'un monopole privé, dirigé par des hommes qui ne sont pas connus du peuple.

> ➢ Le plus haut dirigeant du pays, le président, n'a aucun contrôle sur la Réserve fédérale, aucune contribution et aucune autorité pour intervenir dans ses affaires, sauf pour nommer le président.

> ➢ Toute politique économique du président peut être contrecarrée ou sabotée par les contrôleurs des banques privées de la Réserve fédérale.

> Cette même banque reçoit presque gratuitement tout l'argent dont elle a besoin de notre gouvernement. Pourtant, quand notre gouvernement a besoin de l'argent pour le peuple, il doit emprunter cet argent à la Banque de la Réserve Fédérale avec des intérêts (usure), qu'il doit rembourser sous forme d'obligations portant intérêt. Ces obligations ne sont jamais retirées, même lorsqu'elles sont entièrement remboursées. Il s'agit d'une fraude gigantesque.

> À la suite de ces transactions frauduleuses, le peuple est de plus en plus endetté, tandis que le président ne peut rien y faire et que les représentants du peuple ne veulent pas y mettre fin.

> Le monopole des banquiers est autorisé à créer de l'argent à volonté. Ils créent de l'argent à partir de rien en faisant simplement des écritures dans leur grand livre de comptes.

> Aucun audit n'est jamais effectué sur la Réserve fédérale.

John Adams, l'un des fondateurs de la République, a déclaré un jour :

> *Toute la perplexité, la confusion et la détresse qui règnent en Amérique ne sont pas dues aux défauts de la Constitution de la Confédération, ni au manque d'honneur ou de vertu, mais à l'ignorance pure et simple de la nature de la monnaie, du crédit et de la circulation.*

C'est certainement l'une des déclarations les plus exactes jamais faites. Dans le *livre de Salomon*, nous lisons ce qui suit :

> *L'emprunteur est le serviteur du prêteur.*

Nous, en tant que nation, un peuple fier, sommes maintenant tout simplement les serviteurs du prêteur, la Réserve fédérale. En tant que serviteurs, nous n'avons aucun statut. C'est pourquoi il est inutile de célébrer les 4 juillet.

Jésus-Christ a dit :

En vérité, en vérité, je vous le dis, le serviteur n'est pas plus grand que son Seigneur.

➤ Alors, que célébrons-nous les 4 juillet ?

➤ Notre statut de serviteurs ?

➤ Ou est-ce notre liberté, que nous avons perdue en 1913 ?

➤ Notre asservissement financier continu ?

Voici maintenant quelques citations à méditer. La première est celle du président Woodrow Wilson, qui, à la fin de sa vie, a amèrement regretté d'avoir signé la loi sur la réserve fédérale et s'en est plaint sur son lit de mort :

> *Une grande nation industrielle est contrôlée par son système de crédit. Notre système de crédit est concentré. La croissance de la nation et toutes nos activités sont entre les mains de quelques hommes. Nous en sommes venus à être l'un des gouvernements les plus mal gouvernés, l'un des plus complètement contrôlés et dominés du monde ; ce n'est plus un gouvernement de libre opinion, ce n'est plus un gouvernement par conviction et vote de la majorité, mais un gouvernement par l'opinion et la contrainte de petits groupes d'hommes dominants.*

Et Wilson a dit juste avant de mourir,

"J'ai trahi mon pays".

Sir Josiah Stamp, qui était président de la Banque d'Angleterre dans les années 1920 et qui était le deuxième homme le plus riche d'Angleterre :

> *La banque a été conçue dans l'iniquité et est née dans le péché. Les banquiers possèdent la terre ; enlevez-leur la monnaie, mais laissez-leur le pouvoir de créer des dépôts, et d'un coup de plume ils créeront assez de dépôts pour la regagner. Cependant, enlevez-leur cet argent et toutes les grandes fortunes, comme la mienne, disparaîtront, et ils devraient disparaître de ce monde, car il serait alors plus heureux et plus agréable à vivre. Mais si vous voulez rester les esclaves des banquiers et payer le prix de votre propre*

esclavage, laissez-les continuer à créer des dépôts.

Robert H. Hemphill, un ancien directeur du crédit du système bancaire de la Réserve fédérale à Atlanta, en Géorgie (c'était, bien sûr, après qu'il ait quitté ses fonctions) :

> *C'est une pensée stupéfiante : nous sommes complètement dépendants des banques commerciales. Quelqu'un doit emprunter chaque dollar que nous avons en circulation, en espèces ou à crédit. Si les banques créent de l'argent synthétique en abondance, nous prospérons. Sinon, nous mourrons de faim. Nous sommes absolument sans système monétaire permanent. Lorsque l'on a une vue d'ensemble du tableau, l'absurdité tragique de notre situation désespérée est presque incroyable, mais elle est là. Elle est si importante que notre civilisation actuelle pourrait s'effondrer si elle n'est pas largement comprise et si ses défauts ne sont pas corrigés très rapidement.*

Le député Louis T. McFadden :

> *Les banques de la Réserve fédérale sont maintenant l'une des institutions les plus corrompues que le monde ait jamais connues.*

La Réserve fédérale fait partie d'une catégorie générale, et je vais vous donner un bref résumé de la façon dont elle est constituée. Je vais citer leur propre publication :

> *Le Système fédéral de réserve comprend le Conseil des gouverneurs, le Comité fédéral de l'open market, le Conseil consultatif fédéral et les banques membres. La fonction du système se situe dans le domaine de la monnaie, du crédit et de la banque. Le Système fédéral de réserve a été organisé en 1914.*
>
> *La responsabilité de la politique et des décisions de la Réserve fédérale incombe au Conseil des gouverneurs, au Comité fédéral de l'open market et au Conseil consultatif fédéral.*

(Veuillez noter que la responsabilité n'incombe pas au président ou au Congrès. Elle incombe à ces fonctionnaires de la banque).

Dans certaines matières, la loi confie la responsabilité principale au Conseil, dans d'autres aux banques de réserve, et dans d'autres encore au Comité, bien que dans la pratique il y ait une étroite coordination des actions.

Par conséquent, par souci de simplicité, l'expression "autorités de la Réserve fédérale" est fréquemment utilisée lorsqu'il n'est pas nécessaire d'indiquer laquelle des trois est responsable de l'action ou dans quelle mesure la responsabilité est partagée. Le Comité fédéral de l'open market est composé des sept membres du Conseil des gouverneurs et de cinq représentants des banques de réserve fédérale.

Le Comité dirige les opérations d'open market des banques de la Réserve fédérale, c'est-à-dire les achats et les ventes de titres du gouvernement des États-Unis et d'autres obligations sur le marché libre. Le but de ces opérations est de maintenir une base de crédit bancaire suffisante pour répondre aux besoins des entreprises du pays.

Le Conseil consultatif fédéral est composé de 12 membres, dont un est sélectionné chaque année par chaque banque de la Réserve fédérale par l'intermédiaire de son conseil d'administration. Le Conseil se réunit à Washington au moins quatre fois par an.

Il s'entretient avec le Conseil des gouverneurs sur les conditions commerciales générales et fait des recommandations concernant les affaires du Système fédéral de réserve. Ses recommandations sont purement consultatives.

Veuillez noter que nos représentants élus à la Chambre et au Sénat n'ont aucune influence ni aucun contrôle sur ce que ces hommes sans visage font de notre économie.

C'est le Comité de l'Open Market, qui, plus que toute autre division, dirige ce pays. Ce n'est qu'une façade soigneusement élaborée derrière laquelle se cache un homme qui dirige le compte de l'open market et qui est donc en mesure de connaître la hausse et la baisse de la bourse parce qu'il la planifie.

Comme l'a dit un jour le député Wright Patman :

> *Le président de l'Open Market Committee connaît chaque baisse et hausse de la bourse avant qu'elle ne se produise, et il peut donner aux autres des conseils qui leur permettront de gagner des millions du jour au lendemain ; et il le fait, bien sûr, à ses amis.*
>
> *Nous devrions mettre un terme à cette situation : le fait que quelques personnes fassent monter les intérêts et baisser les obligations, qu'elles manipulent le système monétaire de notre nation de telle sorte que les spéculateurs s'enrichissent et s'en sortent mieux que les honnêtes gens qui travaillent pour gagner leur vie. Voilà donc la véritable fonction de l'Open Market Committee, mise à nu pour que tout le monde puisse la voir.*

J'aimerais également vous citer un extrait de M. Thomas A. Edison, comme suit :

> *Les personnes qui ne retourneront pas une pelletée de terre sur le projet (je parle du barrage de Muscle Shoals), ni ne contribueront une livre de matériaux, percevront plus d'argent des États-Unis que les personnes qui fournissent tous les matériaux et font tout le travail. C'est ce qui est terrible avec les intérêts.*
>
> *Mais voici l'essentiel : si la nation peut émettre une obligation en dollars, elle peut aussi émettre un billet en dollars. L'élément qui rend l'obligation valide rend le billet tout aussi valide.*
>
> *La différence entre l'obligation et le billet est que l'obligation permet au courtier en argent de percevoir deux fois le montant de l'obligation et 20 pour cent supplémentaires, alors que la valeur de la monnaie, le tribut honnête prévu par la Constitution, ne cesse de décroître en pouvoir d'achat.*
>
> *Il est absurde de dire que notre pays peut émettre des obligations et ne peut pas émettre de la monnaie. Les deux sont des promesses de paiement, mais l'une engraisse l'usurier et l'autre aide le peuple. Si la monnaie émise par le peuple n'était pas bonne, alors les obligations ne seraient pas*

bonnes non plus. C'est une situation terrible lorsque le gouvernement, pour assurer la richesse nationale, doit s'endetter et se soumettre à des intérêts ruineux aux mains d'hommes qui contrôlent la valeur fictive de l'or. L'intérêt est une invention de Satan.

Bien sûr, nous savons tous que la Bible, le Coran et d'autres livres sont absolument opposés à la perception d'intérêt, mais nous nous sommes éloignés de toutes ces choses et c'est ainsi que nous nous sommes retrouvés dans le pétrin dans lequel nous sommes aujourd'hui. Ce qu'il nous reste maintenant, c'est la coquille d'un pays qui, sans l'escroquerie de la Réserve fédérale, serait le plus puissant du monde, au-delà de toute croyance, avec la liberté et la justice pour tous. Nous sommes des esclaves, à moins que nous ne soyons prêts à faire désormais de notre affaire, nuit et jour, de forcer le Congrès à mettre fin au système bancaire de la Réserve fédérale et à mettre fin à notre asservissement. Qui possède réellement les banques de la Réserve fédérale ? Puisqu'elles sont constituées en société, il devrait être relativement facile d'obtenir une liste des actionnaires, mais pour autant que je sache, personne n'a encore réussi à obtenir cette information.

Comment cette fraude permanente est-elle perpétrée ? Le pouvoir des gouvernements, combiné aux progrès de la technologie informatique, a considérablement simplifié la tâche de gestion des flux monétaires nationaux — et par extension internationaux. Sur le plan politique, la victoire américaine lors de la Seconde Guerre mondiale a permis à l'Occident tout entier et à ses dépendances d'être cooptés par le Fonds monétaire international (FMI) négocié lors de la conférence de Bretton Woods en 1944. Quarante-cinq ans plus tard, l'effondrement de l'Union soviétique en 1989 signifiait que, pour la première fois dans l'histoire, il n'y avait pas d'autre choix monétaire ou politique sur la scène internationale. L'Empire britannique s'était rendu aux Américains précisément parce que l'Amérique représentait une alternative à la livre sterling, à savoir le dollar.

Les États-Unis président un système monétaire mondial plus ou moins totalement fermé, centré sur le dollar. En pratique, cela signifie que les pays faisant partie du système doivent échanger de la valeur réelle sous forme de produits manufacturés et de marchandises avec le cartel américain en échange d'une monnaie qui n'est pas un vrai dollar, mais un billet de la Réserve fédérale incorrectement appelé dollar, qui n'est rien de plus qu'une écriture comptable créée de toutes pièces. C'est comme si une entreprise sans actifs échangeait des actions sans valeur contre de l'argent liquide, et ce n'est pas un hasard. C'est une technique privilégiée par laquelle la famille J.P. Morgan du XIXème siècle a financé avec succès la consolidation de l'industrie et de la finance américaines. Aujourd'hui, leurs héritiers s'affairent à faire la même chose, mais à l'échelle mondiale.

Les progrès technologiques rapides ont éliminé les possibilités de gestion créative dans le secteur bancaire. Sa puissance de calcul a rendu le coût des calculs itératifs plus ou moins nul. Cela a permis la création d'un nouveau secteur dans l'industrie, celui des produits dérivés, qui n'est rien d'autre que la décomposition d'instruments financiers tels que les actions et les obligations en leurs éléments constitutifs, et a triplé le pouvoir des banques, grâce à la coopération totale de la Réserve fédérale et du Congrès, qui ont permis aux banques non seulement d'autoréguler leurs portefeuilles et leurs activités de produits dérivés, mais aussi d'adopter des règles pour obliger les autres banques à utiliser des produits dérivés pour "contrôler" le risque. En pratique, cela signifie que les activités les plus rentables des banques ont été déplacées hors bilan, créant ainsi un haut niveau de secret dans leurs activités. Cela confère également un avantage considérable aux plus grandes banques, auxquelles les autres doivent s'adresser pour leurs produits dérivés. Cela a, en partie, alimenté la consolidation maniaque du secteur bancaire et a été appliqué avec un énorme succès au niveau international grâce à l'imposition des Accords de Bâle sur l'argent et la banque, qui ont forcé les institutions financières des autres pays à coopérer, ce qui, dans la pratique, a largement signifié se soumettre ou faire faillite.

Les tactiques des banques ont été copiées et affinées par l'industrie. Un excellent exemple en est le cas d'Enron, qui était à l'origine une société industrielle engagée dans la production et le transport de pétrole et de gaz naturel, mais qui s'est transformée en une opération financière à fort effet de levier, avec une énorme activité hors bilan de négociation de produits dérivés. Elle s'est libérée de la surveillance réglementaire par la méthode éprouvée de l'achat de législateurs et en subornant ses auditeurs. Cela lui a donné le pouvoir de redresser ses bénéfices, pratiquement à volonté, simplement en changeant les hypothèses sur les taux d'intérêt futurs intégrés dans les options, les swaps et les contrats à terme constituant son portefeuille de produits dérivés non réglementés.

Enron est également un modèle de la distinction de plus en plus floue entre le secteur public et le secteur privé. Elle a employé jusqu'à vingt agents de la CIA.

L'un de ses cadres supérieurs, Thomas White, était général d'armée avant de rejoindre Enron, puis a quitté Enron pour rejoindre l'état-major militaire. Les cadres d'Enron étaient intimement liés à la task force énergie du vice-président Richard Cheney. Il est difficile d'éviter de conclure qu'Enron était autre chose qu'une opération de blanchiment d'argent employée dans l'intérêt de la "sécurité nationale" pour le compte du cartel. Les États-Unis se sont lancés dans une aventure militaire mondiale coûteuse dont l'issue est loin d'être certaine.

C'est l'aboutissement de plus de cinquante ans de guerre ouverte et secrète quasi continue. Elle est soutenue par l'appareil de financement le plus sophistiqué de l'histoire, capable de mobiliser les liquidités générées par une grande variété d'activités, tant ouvertes que secrètes. Le prix à payer a été l'évidement progressif de l'économie américaine elle-même et l'érosion progressive des libertés civiles et de l'État de droit. Le budget noir n'en est pas la cause, mais le moyen.

Chapitre 14

La conspiration du libre-échange

L es États-Unis, autrefois une superpuissance jusqu'à ce qu'ils soient atteints du syndrome de la "nouvelle économie mondiale", ont perdu tellement de capacités de production qu'ils peuvent à peine construire un sous-marin tous les deux ans et un porte-avions tous les cinq ans. Comment pouvons-nous alors nous appeler "la seule superpuissance du monde" ? L'*American Shipbuilding journal* a déclaré en 1998 qu'une plus grande partie de la fabrication de composants et de systèmes de navires migrerait vers la Chine au cours des cinq prochaines années et cette affirmation s'est avérée très juste.

"Aucune raison de s'inquiéter", disent les experts de l'économiste du libre-échange. "La construction navale n'est qu'une de ces vieilles activités manufacturières dont l'économie américaine nanotechnologique a tout intérêt à se passer." Malheureusement, selon le *Manufacturing & Technology News* (8 juillet 2006), tant de capacités de fabrication sont déjà parties que les capacités américaines en matière de nanotechnologies sont largement limitées à la fabrication à l'échelle pilote et à faible volume, et même cela disparaît à un rythme alarmant.

Le jour n'est pas loin où nous devrons demander à la Chine ou à la Russie de construire nos instruments de guerre pour nous. Lors d'un témoignage devant la sous-commission scientifique de la Chambre des représentants sur la recherche, Matthew Nordan de Lux Research, Inc. a déclaré que toutes les idées américaines en matière de nanotechnologies seront probablement "mises en œuvre dans des usines de fabrication situées sur d'autres rivages". Nordan a déclaré que dans certains domaines des matériaux nanotechnologiques, "le train de la fabrication a déjà quitté la gare".

Les États-Unis pourraient même prendre du retard dans la production d'idées en matière de nanotechnologies. En 2006, la Chine était en tête de la recherche mondiale sur les nanotechnologies, avec une production de 14%. Même la Corée du Sud et Taïwan dépensent plus par habitant en R&D sur les nanotechnologies que les États-Unis. Autrefois premier fabricant mondial de machines-outils, les États-Unis occupent aujourd'hui la 17ème place du classement, derrière la petite Suisse. Sean Murdock, directeur exécutif de la Nano Business Alliance, témoignant devant une sous-commission du Congrès que les États-Unis ne pouvaient pas vivre uniquement d'idées a déclaré :

> "La propriété intellectuelle, c'est bien... mais si vous regardez la valeur totale associée à un produit, la plupart de la valeur tend à revenir à ceux qui sont les plus proches du client — ceux qui, en fait, le fabriquent."

Le bon sens s'est envolé lorsque Wilson est entré à la Maison-Blanche. La première chose que Wilson a faite a été de convoquer une session conjointe de la Chambre et du Sénat, au cours de laquelle il a critiqué et remis en cause la protection tarifaire qui avait assuré un marché unique à la classe moyenne.

Aussi importante que soit la propriété intellectuelle pour le processus de fabrication, c'est la capacité de fabriquer et de transformer un nouveau principe en biens tangibles pouvant être échangés qui fait la différence. Sans la capacité de traduire une idée en un produit manufacturé basé sur cette nouvelle idée, la possibilité de récolter la plupart des bénéfices économiques serait perdue, et avec cette condition abrutissante, la capacité de penser de nouvelles idées (capacités créatives) finirait par se tarir. Sans capacités et connaissances en matière de fabrication, il est difficile de reconnaître les innovations prometteuses en matière de nanotechnologies. En d'autres termes, si vous donniez à un homme préhistorique un plan sur la façon de fabriquer un fusil pour chasser, cela ne changerait rien à sa situation.

Depuis deux décennies, je n'ai cessé de souligner l'érosion de la classe moyenne américaine, conditions sur lesquelles le libre-échange s'est nourri depuis qu'Adam Smith a essayé de vendre des produits britanniques aux colons dans un sens unique. Des fonctions de production basées sur les connaissances acquises, qui sont parties dans ce qu'on appelait autrefois les "pays sous-développés", comme la Chine par exemple. Ce que l'on appelle le manque d'unicité nécessaire au fonctionnement de l'avantage comparatif, et la mobilité internationale du capital et de la technologie permettent à ces facteurs de production de rechercher un avantage absolu à l'étranger dans une main-d'œuvre qualifiée, disciplinée et à faible coût. En fait, comme je l'ai dit à plusieurs reprises, le libre-échange est un mensonge et a toujours été un mensonge depuis le jour où Adam Smith de la Compagnie des Indes orientales a essayé de l'imposer aux nouvelles colonies américaines. Le libre-échange a détruit la classe moyenne unique qui a fait de l'Amérique une grande nation ; la classe moyenne est une notion qui disparaît rapidement.

Ainsi, une fois les barrières commerciales américaines supprimées et l'Internet à haut débit mis en service, les niveaux de vie du premier monde n'étaient plus protégés par des accumulations uniques de capital et de technologie. Ce changement de conditions a permis aux entreprises américaines d'utiliser des employés provenant d'importantes réserves excédentaires de main-d'œuvre étrangère, comme celles qui existent aujourd'hui en Inde et en Chine, pour remplacer à moindre coût les employés américains mieux payés. La différence de coût de la main-d'œuvre est omniprésente. Quiconque affirme que cette différence n'a pas d'importance ne connaît pas les faits. Une famille américaine peut-elle vivre avec 200 dollars par mois comme le font tant de familles d'Extrême-Orient et d'Inde ?

Néanmoins, comme je l'ai souligné en 1972, plus de trois décennies avant que l'Inde, la Chine et les Philippines ne deviennent une alternative pour les entreprises américaines, les États-Unis sont sévèrement désavantagés pour des raisons fiscales également. Pour des raisons fiscales, les États-Unis ont un coût du travail élevé.

La coalition du Conseil des producteurs américains a récemment exposé le problème au groupe consultatif du président sur la réforme fiscale fédérale. Tous les principaux partenaires commerciaux des États-Unis, y compris tous les autres pays de l'OCDE et la Chine, s'appuient sur des taxes ajustées aux frontières qui réduisent les taxes sur leurs exportations vers les États-Unis, tout en taxant les produits américains importés des États-Unis.

Cette discrimination est renforcée par le système fiscal américain, qui n'impose aucune charge fiscale appréciable sur les biens et services étrangers vendus aux États-Unis, mais impose une lourde charge fiscale aux producteurs américains de biens et services, qu'ils soient vendus aux États-Unis ou exportés vers d'autres pays.

La solution consiste à abandonner l'impôt sur le revenu et à le remplacer par une taxe sur la valeur ajoutée ou sur les ventes, voire par des droits de douane ou une taxe déductible à l'exportation. Mais les partisans du Nouvel Ordre Mondial au sein du gouvernement américain font tout pour ramener le niveau de vie des Américains à un niveau beaucoup plus bas, ce qui ne sera probablement pas autorisé.

Les Pères fondateurs ont basé le revenu des États-Unis sur les tarifs douaniers. Les droits de douane ont également aidé les États-Unis à développer leur industrie en protégeant leurs produits de la concurrence de producteurs étrangers moins coûteux. George Washington a déclaré que les droits de douane devaient être maintenus pour protéger les "manufactures américaines". Mais le président socialiste international Wilson est arrivé et sa première action a été de convoquer une session conjointe de la Chambre et du Sénat et de faire connaître son objectif de détruire le système tarifaire qui avait si brillamment fonctionné jusqu'à son ascension catastrophique à la Maison-Blanche.

Les fruits intolérablement amers de la présidence Wilson sont encore actifs aujourd'hui. Un exemple en est la crise des aliments pour animaux de compagnie de mars-avril qui a conduit à une crise grave lorsqu'elle s'est propagée aux humains. Le *Chicago Tribune* du 29 avril 2007 a couvert cette crise dans un long reportage :

> "Les autorités californiennes ont révélé que la contamination était entrée dans la chaîne alimentaire. Environ 45 habitants de l'État ont mangé de la viande provenant de porcs ayant consommé des aliments pour animaux contenant de la mélamine provenant de Chine. La mélamine est utilisée pour fabriquer des plastiques, mais elle augmente aussi artificiellement le taux de protéines — et donc le prix des glutens qui entrent dans la composition des aliments. Elle était déjà fatale pour certains animaux domestiques… 57 marques d'aliments pour chats et 83 marques d'aliments pour chiens ont été rappelées. En plus de cela, 6000 porcs ont dû être détruits parce qu'ils avaient mangé des aliments contaminés. On pense que les effets de la mélamine sur l'homme sont minimes, mais personne ne le sait vraiment. Sa consommation par l'homme est si improbable que personne ne l'a même étudié… L'importateur du mauvais gluten de blé, Chem-Nutra Inc. de Las Vegas, affirme que son fabricant chinois a ajouté illicitement de la mélamine au gluten pour augmenter le taux de protéines mesurable et donc le prix de la cargaison."

Ceux qui pensaient que l'Administration des denrées alimentaires et des médicaments (FDA) prendrait en charge de tels développements se trompaient bien sûr lourdement. Mais dans une déclaration, la FDA[9] a indiqué que le "financement de la sécurité alimentaire" pour le Center for Food Safety de l'agence est passé de 48 millions de dollars en 2003 à environ 30 millions de dollars en 2006.

Les emplois à temps plein au Centre ont été réduits de 950 en 2003 à 820 en 2006. Alors même que les cas de gluten de blé contaminé se multiplient, la FDA a appris l'existence d'un autre problème : les protéines de riz chinoises. Les premiers rapports

---

[9] Food and Drug Administration, Ndt.

indiquent que les jouets contenaient de la peinture au plomb, ce qui a entraîné un rappel massif.

Le système de tarifs douaniers des Pères fondateurs a été renversé par Wilson et ses conseillers socialistes, en particulier les membres de la Fabian Society (ancêtres des néo-bolcheviks d'aujourd'hui, également connus sous l'appellation oxymorique de "néoconservateurs"), qui ont faussement déclaré que les tarifs douaniers frappaient lourdement les pauvres tout en profitant aux riches fabricants.

L'impôt sur le revenu était considéré comme une répartition plus équitable de la charge fiscale et comme la voie vers une plus grande égalité dans la distribution des revenus. Wilson et ses contrôleurs ne dirent pas au Congrès qu'il s'agissait d'une doctrine marxiste ; il s'ensuivit une longue lutte politico-idéologique qui renversa le système tarifaire et livra l'unique classe moyenne américaine au servage.

Aujourd'hui, la répartition des revenus est plus inégale que jamais. Si vous, cher lecteur, pensez que vous n'êtes pas un serf, voyez ce qui se passe si vous revendiquez le produit de votre travail comme votre propriété et refusez de payer les taxes foncières. Assurez-vous d'avoir un contrat avec une bonne entreprise de déménagement, un autre endroit où loger et un parachute avant de sauter de cette falaise. Ce qu'il faut, c'est un retour immédiat au système tarifaire pour augmenter les revenus, et le plus tôt sera le mieux. Y a-t-il des "cœurs courageux" parmi le peuple souverain ?

Ce que nous avons vu avec l'installation de la Banque de la Réserve Fédérale était la consolidation de l'emprise du Comité des 300 sur l'Amérique. Il a suivi la politique étrangère américaine et les guerres que l'Amérique a menées au cours du vingtième siècle (y compris la guerre hispano-américaine de 1898 et l'actuelle soi-disant guerre contre le terrorisme) ont réussi à étendre le contrôle du cartel sur l'économie mondiale. Sans l'établissement réussi d'une banque centrale aux États-Unis, il n'aurait jamais été possible de mener les guerres qui ont été menées après 1912.

Franklin D. Roosevelt a déclaré à ses associés politiques qu'il voulait que son héritage soit le champion des pauvres qui a mis fin à la Grande Dépression. Roosevelt s'est attribué le mérite de la création du système de sécurité sociale, qu'il a fait passer pour un gain pour le peuple. Mais il a omis de dire à la majorité des Américains comment il devait être financé, c'est-à-dire au moyen d'une taxe hautement régressive sur ses bénéficiaires.

La mise en place du FSE s'inscrit dans la même logique que la création de la Réserve fédérale en 1914. Cette dernière, la Réserve fédérale a également été créée en réponse à une crise : le krach de 1907. La légende de Wall Street attribue au génie et au patriotisme de J.P. Morgan le mérite de sauver la nation. En réalité, le krach et la dépression qui en a résulté ont permis à Morgan de détruire ses concurrents, de racheter leurs actifs et, ce faisant, de révéler à la nation et au monde entier à quel point les banques et Morgan étaient puissants. Tous n'étaient pas reconnaissants, et certains ont exigé une action législative pour placer le crédit fédéral et le système monétaire national sous la surveillance et le contrôle du public.

Dans une campagne de charlatanisme politique magistral, la Réserve fédérale a été créée en 1912 par une loi du Congrès pour faire exactement cela. Mais en la créant en tant que société privée détenue par les banques, le Congrès a effectivement cédé aux banques une position encore plus forte que celle qu'elles occupaient auparavant.

Aujourd'hui encore, on ne comprend pas très bien que la Réserve fédérale est une entreprise privée détenue par les intérêts mêmes qu'elle réglemente nominalement. Ainsi, le contrôle du crédit fédéral et du système monétaire américain, ainsi que le riche flux d'informations d'initiés qui résulte de ce contrôle, est soustrait à la vue du public et est contrôlé en secret, ce qui explique plutôt la nature delphique du président fédéral.

Le commerce des stupéfiants : Esclavage physique

Il peut sembler étrange de penser à un lien positif entre le trafic de stupéfiants et le marché boursier, mais considérez cela : à la fin des années 90, le ministère américain de la Justice a estimé que les recettes de ce commerce entrant dans le système bancaire américain représentaient entre 500 et 1000 milliards de dollars par an, soit plus de 5 à 10% du PIB.

Désormais, les produits du crime doivent trouver un chemin dans les circuits légitimes, sinon ils sont sans valeur pour leurs détenteurs. L'impact du trafic de stupéfiants sur les communautés et les économies au point de vente est toutefois peu étudié. Prenons par exemple l'impact sur les marchés immobiliers et les services financiers. L'immobilier est un secteur attrayant pour employer l'excédent d'argent liquide résultant de la vente de stupéfiants, car il est, en tant qu'industrie, entièrement non réglementé en ce qui concerne le blanchiment d'argent. L'argent liquide étant un mode de paiement acceptable et, dans certains endroits, familier, de grosses sommes peuvent être écoulées facilement et sans trop de commentaires. Cela peut entraîner, et entraîne effectivement, une distorsion considérable de la demande locale et, à son tour, alimenter la spéculation immobilière et la demande accrue de crédit pour la financer, ainsi que des possibilités considérables de spéculation et de fraude.

Le pouvoir du gouvernement, combiné aux progrès de l'informatique, a permis, au cours des trente dernières années, de simplifier la gestion des flux financiers nationaux et, par extension, internationaux.

Sur le plan politique, la victoire américaine dans la Seconde Guerre mondiale a eu pour conséquence que l'Occident tout entier et ses dépendances ont été cooptés par le Fonds monétaire international (FMI) négocié à Bretton Woods en 1944. Quarante-cinq ans plus tard, l'effondrement de l'Union soviétique en 1989 signifiait que, pour la première fois dans l'histoire, il n'y avait pas d'autre choix monétaire ou politique sur la scène internationale. L'Empire britannique s'était rendu aux Américains précisément parce que l'Amérique représentait une alternative à la livre sterling, à savoir le dollar.

Aujourd'hui, les États-Unis président un système monétaire

mondial plus ou moins totalement fermé, basé sur le dollar. En pratique, cela signifie que les pays faisant partie du système doivent échanger de la valeur réelle sous forme de ressources naturelles comme le pétrole et le gaz, d'articles manufacturés et de marchandises avec le cartel américain en échange de dollars, qui ne sont rien de plus qu'une écriture comptable créée de toutes pièces. Cette situation est analogue à celle d'une entreprise sans actifs qui échangerait des actions diluées contre des liquidités, et ce n'est pas un hasard. C'est une technique privilégiée par laquelle la dynastie J.P. Morgan du XIXème siècle a réussi à financer la consolidation de l'industrie et de la finance américaines.

Aujourd'hui, leurs héritiers s'affairent à faire la même chose, mais à l'échelle mondiale. Et tout cela se passe au grand jour, au-delà du stade de la conspiration. Grâce à leur contrôle financier unique, les États-Unis ont pu se lancer dans des aventures militaires mondiales coûteuses dont l'issue est loin d'être certaine.

Cela marque l'aboutissement de plus de cinquante ans de guerre ouverte et secrète continue. Elle est soutenue en cela par l'appareil financier le plus sophistiqué de l'histoire, capable de mobiliser les liquidités générées par une grande variété d'activités tant ouvertes que secrètes. Le prix à payer a été l'évidement progressif de l'économie américaine elle-même et l'érosion progressive des libertés civiles et de l'État de droit. Ce sera aussi la fin de cette République.

Chapitre 15

Un moyen d'arriver à ses fins

Qui sont les planificateurs et les comploteurs qui servent le puissant et tout-puissant Comité des 300 ? Les citoyens les mieux informés savent qu'il existe une conspiration et qu'elle porte plusieurs noms. Ce qui n'est pas généralement reconnu, c'est que le Comité des 300, bien organisé, est maintenant passé à ce que H.G. Wells, agent du MI6, appelait cette phase "la conspiration ouverte". On pourrait dire que la conspiration a atteint son but. Le monde est maintenant à l'étape suivante, ce que j'appelle *"au-delà de la conspiration"*.

La prochaine étape peut être mise en œuvre parce que le peuple américain est dans un état de choc profond et est si bien contrôlé par la pénétration à longue distance et le conditionnement intérieur qu'il accepte maintenant des choses qu'il n'aurait pas acceptées il y a seulement dix ans. Par conséquent, les conspirateurs sentent qu'ils peuvent sortir au grand jour. Ils n'ont plus besoin de se cacher. La population a subi un tel lavage de cerveau et un tel conditionnement que l'ensemble du complot n'est presque jamais considéré comme une "conspiration".

Aujourd'hui, en 2007, il s'agit bien d'une conspiration ouverte, avec un personnage aussi important que le président des États-Unis qui proclame ouvertement l'avènement du nouvel ordre mondial, qu'il attend avec impatience.

Ce Nouvel Ordre Mondial est un travail en cours ; une forme révisée du Communisme International, une dictature brutale et sauvage qui plongera le monde dans le Nouvel Âge Sombre. Le Plan Davignon que j'ai annoncé pour la première fois aux États-Unis en 1982 est maintenant en pleine floraison ; les États-Unis sont à peu près à mi-chemin de leur conversion en une version moderne d'une société féodale.

Notre industrie de l'acier est morte ; et notre industrie de la machine-outil est morte. Nos entités manufacturières — fabricants de chaussures, vêtements, équipements industriels légers, industries électroniques — ont été exportées vers des pays étrangers. La ferme familiale américaine est perdue au profit de contrôleurs alimentaires entre les mains des "300" comme Archer Daniels Midland, Nestlé, et la Bunge Corporation. Le peuple américain peut maintenant facilement être affamé jusqu'à la soumission si le besoin s'en fait sentir. Le chef de file de cette campagne visant à établir un État totalitaire, un Nouvel Ordre Mondial au sein d'un Gouvernement Mondial Unique, apparaît rapidement comme les États-Unis d'Amérique, rôle qu'ils ont assumé pour la première fois lorsque le Comité des 300 a nommé Woodrow Wilson à la Maison-Blanche.

En novembre 2005, les États-Unis ont subi le déséquilibre commercial le plus massif de leur histoire. Pas moins de 85% des articles autrefois fabriqués aux États-Unis sont désormais fabriqués dans des pays étrangers et importés aux États-Unis. Les dernières statistiques montrent que Ford Motors va supprimer 30 000 emplois et General Motors le même nombre d'emplois. Ces emplois sont perdus. Il ne s'agit pas de licenciements temporaires, mais d'emplois qui vont disparaître pour ne plus jamais revenir. Le peuple américain a été tellement conditionné que la plupart d'entre eux ne peuvent pas voir que la perte record d'emplois manufacturiers est directement liée au mythe du "libre-échange" mis en avant par la Compagnie britannique des Indes orientales au 18ème siècle.

Je cite la profonde déclaration du prophète Osée, qui se trouve dans la Bible chrétienne :

> "*Mon peuple périt par manque de connaissance.*" (Le mot est en fait "information").

Tant de personnes ont déjà lu mon exposé sur le scandale de l'aide étrangère, dans lequel j'ai nommé plusieurs organisations conspiratrices, dont le nombre est légion, que je pense que le sujet peut être exclu de ce livre.

Leur objectif final est le renversement de la Constitution américaine et la fusion de ce pays, choisi par Dieu comme SON pays, avec un Nouvel Ordre Mondial impie — un gouvernement mondial unique, qui ramènera le monde à des conditions féodales bien pires que celles qui existaient au cours de l'âge des ténèbres.

Parlons de cas concrets, de la tentative de communautarisation et de désindustrialisation de l'Italie. Le Comité des 300 a décrété il y a longtemps qu'il y aurait un monde plus petit - beaucoup plus petit - et meilleur, c'est-à-dire leur idée de ce qui constitue un monde meilleur. Les myriades de ce que Bertrand Russell appelait les "mangeurs inutiles" consommant des ressources naturelles limitées sont abattues. Le progrès industriel soutient la croissance démographique. Par conséquent, le commandement de multiplier et de soumettre la Terre que l'on trouve dans la Genèse doit être subverti par la destruction du marché de l'emploi industriel, seule source stable d'emplois à long terme. Cela exige une attaque frontale contre le christianisme, la désintégration lente, mais sûre des États des nations industrielles, la destruction de centaines de millions de personnes, désignées par le Comité des 300 comme "population excédentaire", et l'élimination de tout dirigeant qui ose s'opposer à la planification mondiale du Comité pour atteindre les objectifs susmentionnés.

Trois des premières cibles du Comité étaient l'Argentine, l'Italie et le Pakistan. De nombreux autres États-nations devaient être anéantis, notamment l'Afrique du Sud, la Palestine, la Serbie et l'Irak. Les États-nations doivent être découragés et leur démantèlement accéléré, surtout s'ils ont l'ambition de devenir industrialisés.

Pour se faire une idée de l'ampleur et de l'omniprésence de la conspiration du Nouvel Ordre Mondial, il convient à ce stade d'énoncer les objectifs fixés par le Comité des 300 en vue de la conquête et du contrôle du monde. Une fois que l'on a compris cela, on peut voir comment un organisme central de conspiration est capable d'opérer avec succès et pourquoi aucune puissance sur terre ne peut résister à leur assaut contre les fondements d'un monde civilisé, basé sur la liberté de l'individu, notamment telle qu'elle est déclarée dans la Constitution des États-Unis.

➢ Comment le Comité des 300 a-t-il vu le jour ?

➢ Quelle est la source de son immense richesse et de son pouvoir ?

➢ Comment le Comité maintient-il son emprise sur le monde, et plus particulièrement son emprise sur les États-Unis et la Grande-Bretagne ?

➢ L'une des questions les plus fréquemment posées est la suivante : "Comment une seule entité peut-elle savoir à tout moment ce qui se passe et comment le contrôle est-il exercé ?"

La déclaration suivante faite par Aurellio Peccei, un cadre supérieur du Comité des 300, permet de comprendre d'où viennent les "300" :

Pour la première fois depuis l'approche du premier millénaire dans la chrétienté, de grandes masses de personnes sont réellement en suspens quant à l'avènement imminent de quelque chose d'inconnu qui pourrait changer entièrement leur destin collectif... L'homme ne sait pas comment être un homme vraiment moderne. L'homme a inventé l'histoire du méchant dragon, mais s'il y a jamais eu un méchant dragon, c'est l'homme lui-même... Nous avons ici le paradoxe humain : l'homme est piégé par ses capacités et ses réalisations extraordinaires, comme dans un sable mouvant. Plus il utilise son pouvoir, plus il en a besoin.

Nous ne devons jamais nous lasser de répéter combien il est insensé d'assimiler l'état pathologique profond actuel et l'inadaptation de l'ensemble du système humain à une quelconque crise cyclique ou à des circonstances passagères.

Depuis que l'homme a ouvert la boîte de Pandore des nouvelles technologies, il a souffert de la prolifération humaine incontrôlée, de la manie de la croissance, des crises énergétiques, des pénuries de ressources réelles ou potentielles et de la dégradation de l'environnement, de la folie nucléaire et d'une foule d'afflictions connexes.

L'expression "Nouvel ordre mondial" est perçue par les nouveaux venus comme quelque chose qui s'est développé à la suite de la guerre du Golfe en 1991, alors que l'idée d'un gouvernement mondial unique est reconnue comme étant vieille de plusieurs siècles. En fait, elle trouve son origine dans la Compagnie des Indes orientales (BEIC) affrétée par la reine Elizabeth I en 1600 sous la forme d'une société par actions. En 1661, Charles II (le roi Stuart) a donné l'assentiment royal à la société qui accordait, entre autres, le droit de faire la guerre et de conclure la paix avec les nations.

Cela a permis à la BEIC de prendre le contrôle total de l'Inde, y compris du commerce lucratif de l'opium pratiqué à Bénarès et dans la vallée du Gange par les princes indiens. En 1830, toute l'Inde était sous le contrôle de ce qui était devenu la British East India Company (BEIC). C'est là que se trouvent les germes du Nouvel Ordre Mondial.

Le Nouvel Ordre Mondial n'est pas nouveau ; il existe et se développe sous une forme ou une autre depuis très longtemps. Son "père" était la London Mercer Company et son grand-père les London Staplers, qui remontent à la Hanse allemande et à la Hanse belge, jusqu'en Inde. De ce contexte est née l'East India Company, dont certains membres du conseil d'administration étaient issus des communistes anabaptistes, dont beaucoup ont immigré en Angleterre.

Pendant la période coloniale, un certain nombre d'anabaptistes éminents ont émigré d'Angleterre vers les États-Unis. Tous ces factions et cultes divers ont embrassé un objectif commun, l'établissement d'un Nouvel Ordre Mondial autoritaire. Mais il est encore aujourd'hui, en 2007, perçu comme un développement du futur, ce qui n'est pas le cas ; le Nouvel Ordre Mondial est passé et présent. Tous les plans d'avenir des institutions du Comité étaient fondés sur la nécessité de se débarrasser de 2,5 milliards de "mangeurs inutiles", pour paraphraser Lord Bertrand Russell, l'un des principaux porte-parole des "300". Les ressources naturelles devaient être réparties sous les auspices d'une planification mondiale. Les États-nations pourraient soit accepter la domination du Club de Rome, soit survivre selon la loi de la jungle.

Quels sont les objectifs des conspirateurs de l'élite secrète ? Ce groupe d'élite se fait également appeler les *Olympiens* parce qu'il croit vraiment être l'égal en puissance et en stature des dieux légendaires de l'Olympe. Comme Lucifer, leur dieu, ils se sont placés au-dessus du vrai Dieu en croyant être chargés de mettre en œuvre ce qui suit de droit divin :

➤ Établir un gouvernement mondial unique — le Nouvel Ordre Mondial — avec une église unifiée et un système monétaire sous leur direction, toutes les identités nationales et les frontières nationales des nations et provoquer la destruction de la religion chrétienne.

➤ Établir la capacité de contrôler chaque personne par des moyens de contrôle mental et mettre fin à toute industrialisation et à la production d'énergie électrique d'origine nucléaire dans ce qu'ils appellent "la société post-industrielle à croissance zéro".

➤ Les industries de l'informatique et des services seront exemptées. Les industries américaines qui resteraient seraient exportées vers des pays comme le Mexique et l'Extrême-Orient, où la main-d'œuvre esclave est abondante. Comme nous l'avons vu en 1993, c'est devenu un fait avec l'adoption de l'Accord de libre-échange nord-américain, connu sous le nom de NAFTA. Le libre-échange devait être la norme de l'avenir.

➤ Supprimer tout développement scientifique, sauf ceux jugés bénéfiques par le Comité. L'énergie nucléaire à des fins pacifiques est particulièrement visée.

➤ L'effondrement des économies mondiales et l'instauration d'un chaos politique total. Prendre le contrôle de toutes les politiques étrangères et intérieures des États-Unis et apporter le soutien le plus total à des institutions supranationales telles que les Nations unies, le Fonds monétaire international, la Banque des règlements internationaux et la Cour mondiale, afin de supplanter et de saper la Constitution américaine avant de l'abolir complètement.

➢ Pénétrer et subvertir tous les gouvernements, et travailler à l'intérieur de ceux-ci pour détruire l'intégrité souveraine des nations qu'ils représentent, sous le couvert de la diffusion de la "démocratie" comme rempart contre le terrorisme.

➢ Organiser un appareil terroriste à l'échelle mondiale et négocier avec les gouvernements légaux leur reddition partout où des activités terroristes ont lieu, en permettant aux États-Unis d'établir des bases militaires permanentes dans ces pays.

➢ Prendre le contrôle de l'éducation en Amérique avec l'intention et le but de la détruire complètement par un "changement progressif" des programmes et des méthodes d'enseignement. En 1993, la force et l'effet de cette politique devenaient apparents, et seront encore plus destructeurs lorsque les écoles primaires et secondaires commenceront à enseigner "l'éducation basée sur les résultats" (OBE).

Au mieux, depuis l'école, l'américain moyen sait que les États-Unis ont une histoire de 250 ans, mais seulement dans le sens le plus ténu et sans détails. Sa connaissance de la Constitution est minimale. Il n'est absolument pas conscient du fait que des incidents et des "accidents" de l'histoire, apparemment sans rapport entre eux, sont en fait étroitement liés et qu'ils ont été conçus et provoqués par une force cachée ; la Révolution française instiguée par deux loges maçonniques ; l'ascension de Napoléon et les guerres napoléoniennes, contrôlées par les Rothschild ; l'"accident" de la brutale et sauvage Première Guerre mondiale, la révolution bolchevique et la montée du communisme soigneusement planifiées. Cela n'a rien à voir avec l'histoire qu'on lui a enseignée à l'école, selon laquelle il s'agissait d'événements sans rapport direct. On lui a enseigné que les grands événements de l'histoire du monde, y compris celle des États-Unis, sont venus de nulle part et ont soudainement vu le jour comme par magie. Il n'y a pas eu une seule occasion où on lui a enseigné que ces événements bouleversants ont été créés et canalisés avec une grande précision et manipulés de manière à atteindre des objectifs préétablis. La grande conspiration ne lui a jamais été révélée, et si par hasard elle est mentionnée, elle est tournée en dérision comme étant une pensée de cinglés.

L'éducation contrôlée ne permet pas de telles études. C'est un tabou. La nature du droit des contrats lui est inconnue. Surtout les contrats politiques connus sous le nom de "traités" qui, lui dit-on, "sont la loi du pays." Peu de juristes comprennent que ce n'est pas le cas et donc nous, Américains, croyons que les événements se produisent simplement à partir du vide.

S'il avait le privilège d'entrer dans le grand dépôt de connaissances qu'est le British Museum et de passer deux ans à lire avec l'intention d'étudier les anciens numéros des grands journaux de Grande-Bretagne et des États-Unis, le *New York Times*, le *London Times*, le *Telegraph* à partir de la fin de 1890, ainsi que les magazines *Punch* et *The New Yorker* des années 1900, il serait consterné de se retrouver face à un format politique presque identique à celui du *New York Times*, du *Washington Post* et du *London Times* de 2005.

Il serait encore plus choqué de découvrir qu'il lisait les mêmes clichés que ceux qu'il venait de lire dans les anciens numéros et qu'ils étaient remarquablement similaires dans leur conception et leur contexte, puisqu'ils prêchaient le message du communisme, du nouvel ordre mondial et d'un gouvernement mondial unique.

Le langage était un peu différent, les personnalités changeaient au fil des ans, mais la teneur et l'orientation de la propagande étaient les mêmes. S'il fermait les yeux et réfléchissait au journal de 1910 qu'il tenait dans ses mains, il verrait qu'il ressemblait, remarquablement et sans équivoque, aux nouvelles de 2007. Il serait forcé d'arriver à la conclusion inéluctable que l'intention et le but étaient d'établir d'abord le socialisme et ensuite le communisme comme systèmes d'un Nouvel Ordre Mondial. Pour qu'il y ait une telle cohérence indubitable, il doit y avoir un degré élevé de certitude que certains personnages de haut rang et leurs entités doivent contrôler les événements mondiaux et les événements dans son propre pays, les États-Unis d'Amérique. En se plongeant plus avant dans l'histoire coloniale de la Grande-Bretagne, il pourrait même rencontrer le nom de la British East India Company comme groupe de pouvoir de l'élite capable d'organiser un éventail étonnant d'événements politiques majeurs.

Établir le socialisme aux États-Unis dans le but d'annuler les Constitutions des États et la Constitution fédérale

L'un des événements étonnants gérés par la Compagnie britannique des Indes orientales a été l'établissement du socialisme en tant que système politique. L'un des produits de la Compagnie des Indes orientales était la Fabian (Socialist) Society de Londres. Ses dirigeants, Beatrice et Sydney Webb, Annie Besant, G.D.H. Cole, Ramsey McDonald, Bertrand Russell et H.G. Wells, Thomas Davidson et Henry George dont la mère appartenait à la famille Pratt de l'establishment libéral américain de Philadelphie, devaient leur position à "la Compagnie". La famille Pratt était étroitement liée au "commerce" de l'East India Company avec l'Inde et détenait des intérêts importants dans l'empire pétrolier Rockefeller Standard Oil.

Beatrice et Sydney Webb ont ensuite fondé la London School of Economics en 1895, par laquelle sont passées certaines des personnalités les plus importantes de la politique, des affaires et du gouvernement britanniques et américains. Parmi les éminents anciens élèves figurait David Rockefeller, ancien président du National Republican Club, président de la Rockefeller Standard Oil Company et principal financier du tristement célèbre Institute for Pacific Relations (IPR), un spin-off de la British East India Company — du comité des 300 qui a financé l'attaque japonaise sur Pearl Harbor le 7 décembre 1941. Il a également été le mentor de George Herbert Walker Bush et de John F. Kennedy.

Beatrice Webb, la partenaire dominante de l'entreprise, est intéressante. L'une des trois filles de Richard Potter, un riche magnat des chemins de fer profondément impliqué dans l'occultisme, elle vivait au domicile de son père lorsqu'elle a rencontré Sidney Webb. Sa sœur Theresa a épousé Sir Alfred Cripps du gouvernement travailliste de Ramsay McDonald et la troisième sœur, Georgina, a épousé Daniel Meinertzhagen, un banquier affilié à la Compagnie des Indes orientales.

Richard Potter était profondément imprégné de théories et de pratiques occultes et on pense qu'il est le personnage central du roman de sorcellerie pour enfants *Harry Potter*, qui est récemment "sorti de nulle part" pour devenir un succès fou, mais dont nous savons maintenant qu'il s'agissait d'un des contes de Richard Potter remanié par le Tavistock Institute, puis confié à Joanne K. Rowling pour "l'écrire".

Nombre de ses objectifs, que j'ai énumérés pour la première fois en 1991, ont été atteints depuis lors ou sont en passe de l'être. Les programmes du Comité des 300 présentent un intérêt particulier pour le cœur de leur politique économique, qui repose en grande partie sur les enseignements de Malthus, le fils d'un pasteur anglais qui a été propulsé au premier plan par la British East India Company (BEIC), sur laquelle le Comité des 300 est modelé.)

L'origine du nouvel ordre mondial : La Compagnie des Indes orientales et son successeur, la Compagnie britannique des Indes orientales.

La Compagnie des Indes orientales (EIC) a reçu sa charte en 1606, pendant les dernières années de la reine Elizabeth I, le dernier monarque des Tudors. Ses hommes ont été envoyés en Inde pour établir de bonnes relations dans la poursuite du commerce avec les Moghols et les princes, leurs marchands et leur banquier, en suivant les traces de la Compagnie vénitienne du Levant. Elle était le patriarche de l'élite du pouvoir, une sorte de "famille royale" composée de la guilde des chiffonniers londoniens et de son rejeton, la London Mercers Company. Ces guildes monopolistiques commerciales familiales de la "famille royale" étaient ancrées à Venise et à Gênes parmi les anciennes familles bancaires de la noblesse noire.

En 1661, Charles II des Stuarts a accordé à la Compagnie des Indes orientales une charte d'une grande portée qui permettait à l'EIC de faire la guerre, de conclure des traités de paix et de nouer des alliances avec les banquiers des princes et les élites mercantiles de l'Inde.

Il n'est pas certain que l'Empire moghol ait éclaté à cause des activités de la Compagnie des Indes orientales, mais les historiens supposent qu'elle n'a rien fait pour empêcher la fin de l'empire en 1700. Il a fallu 130 ans à l'EIC pour soumettre la quasi-totalité du sous-continent indien. Au cours de cette période, la compagnie a connu des dissensions et une scission, suivies d'une unification sous le nom de United East India Company, puis de British East India Company (BEIC).

L'une des leçons les plus importantes que les Indes orientales ont tirées des banquiers est le concept des réserves fractionnaires, tel qu'il allait être pratiqué en Europe et aux États-Unis. Elle a été introduite en Angleterre en 1625. Les Indiens ont pu accéder aux secrets de la banque en Inde et renvoyer à Londres les détails les plus complets sur la façon dont le système a fonctionné pendant des siècles en Inde et comment il a été copié par les Babyloniens.

Parallèlement à l'essor de la puissante compagnie, on assiste à l'émergence des familles des "300", parmi lesquelles figurent Churchill, Russell, Montague, Bentham, Thomas Papillon et Bedford. Aux États-Unis, ce sont les familles Delano, Mellon, Handiside Perkins, Russell et Colin Campbell qui ont prospéré grâce à l'EIC et à son commerce d'opium provenant d'Inde.

L'un des membres les plus importants de la Compagnie des Indes orientales était Jeremy Bentham, "faiseur de roi" de la Compagnie des Indes orientales. Bentham était le chef de file des *radicaux philosophiques* pré-fabiens et fut la première personne à se déclarer ouvertement en faveur d'un gouvernement mondial unique. Ses idées ont été formulées dans ce qu'on appelle aujourd'hui la "philosophie de l'utilitarisme".

Bentham a dirigé la Compagnie Britannique des Indes orientales à partir de 1782. Owen s'est rendu aux États-Unis pour fonder le socialisme à New Harmony, sur la rivière Wabash. Le mot "socialisme" en tant que credo politique a apparemment été utilisé de cette manière pour la première fois en 1830.

Robert Owen a joué un rôle important dans l'évolution de la politique américaine. Avec Francis Wright, ils parcourent les États-Unis en prêchant l'amour libre, l'athéisme, l'abolition de l'esclavage (en collaboration avec les "Six secrets") et fondent ce qui est probablement la première institution socialiste, le *Workingman's Party* à New York en 1829. Il est important pour le lecteur de comprendre que la mission d'Owen était de réaliser le programme des "300" pour les États-Unis :

➢ Établir le socialisme comme précurseur du communisme.

➢ Détruire la famille en tant qu'unité en prêchant "l'égalité des droits" pour les femmes et en provoquant la division des membres de la famille.

➢ Créer des "internats" afin de séparer les enfants de leurs parents pendant de longues périodes.

➢ Faire de l'"amour libre" une norme acceptée avec l'avortement, "pour se débarrasser d'un inconvénient" si nécessaire.

➢ Pour établir un mouvement qui pousserait à l'amalgame des races dans une population mondiale unique.

➢ Pour établir secrètement et clandestinement la société luciférienne. Plus tard, le professeur Arnold Toynbee sera à la tête de cette société très secrète, tant en Angleterre qu'aux États-Unis.

Owen a détesté les Constitutions des États-Unis et des États et a travaillé avec le fils de John Quincy Adam, Charles Francis Adams, pour créer l'ancêtre de la Commission fédérale du commerce interétatique.

En 1808, James Mill rencontre Jeremy Bentham et tous deux se lient d'une étroite amitié. En 1811, il s'associe à Robert Owen. En 1819, Mills est reçu au secrétariat de la Compagnie des Indes orientales.

L'importance de cette nomination ne doit pas être négligée. Déjà, à cette époque, la Compagnie britannique des Indes orientales contrôlait pratiquement tout le sous-continent indien et jouait un rôle prépondérant dans le commerce extrêmement lucratif de l'opium en Chine, en utilisant l'opium provenant du pavot cultivé dans les champs fertiles de la vallée du Gange et de Bénarès. Les profits étaient stupéfiants, même selon les normes d'aujourd'hui, alors que le coût du produit était négligeable.

Plus tard, Mills est promu à la tête du Secrétariat et se trouve ainsi à la tête d'un vaste empire, politique, judiciaire et financier, avec d'énormes sommes d'argent à gérer. Il avait la charge de la "Cour des directeurs", les hommes de tête qui façonnaient les politiques qui affectaient le monde entier à l'époque, y compris les États-Unis et la Russie. Ses théories économiques trouvèrent grâce auprès de nombreux milieux et notamment auprès de David Ricardo qui formula la *théorie des loyers* qui devint la doctrine marxiste standard. Son fils, John Stuart Mill, lui a succédé à la tête du secrétariat, une position de pouvoir et d'influence qu'il a occupée jusqu'à ce que le gouvernement britannique prenne en charge le volet politique de la société, qui est devenue officiellement la British East India Company (BEIC).

En 1859, la BEIC a atteint l'apogée de son immense pouvoir en suivant la politique de John Stuart Mill selon laquelle, pour qu'il y ait une stabilité durable, il fallait un pouvoir absolu entre les mains des plus sages. Pouvoir et sagesse coïncident, c'est la doctrine de la Compagnie des Indes orientales — et les radicaux philosophes aussi.

À partir de 1859, la British East India contrôlait le gouvernement britannique et exerçait une grande influence sur les affaires du monde. Les États-Unis étaient sa préoccupation constante, car la taille et la diversité du pays rendaient son contrôle difficile. En fait, on pouvait observer que la BEIC avait pris le contrôle de tous les aspects de la vie dans le pays. Alors que les radicaux philosophes avaient été en mesure de réaliser une grande partie du programme de la Compagnie des Indes orientales, les États-Unis présentaient un défi plus complexe, principalement en raison des constitutions des États et de la Constitution fédérale.

Comme je l'ai si souvent dit, on nous a induits en erreur en nous faisant croire que le problème dont je parle a commencé à Moscou, alors qu'en fait il a pris naissance dans la gauche radicale, chez les Hussites et les Anabaptistes, dont plusieurs dirigeants ont immigré aux États-Unis. On a lavé le cerveau des Américains en leur faisant croire que le communisme est le plus grand danger auquel nous sommes confrontés. Ce n'est tout simplement pas le cas. Le plus grand danger provient de la masse de traîtres qui se trouvent parmi nous. Notre Constitution nous avertit de faire attention à l'ennemi qui se trouve à l'intérieur de nos frontières.

Ces ennemis sont les serviteurs du Comité des 300 qui occupent des postes élevés au sein de notre structure gouvernementale. C'est aux États-Unis que nous devons commencer notre combat pour renverser la marée qui menace de nous engloutir, et que nous devons rencontrer et vaincre ces traîtres à l'intérieur de nos portes nationales. Mais c'est une tâche difficile. Les partisans d'un gouvernement mondial unique et d'un nouvel ordre mondial ont réduit le peuple américain à un peuple conditionné par des mots. Le peuple américain est devenu une nation de personnes conditionnées et endoctrinées qui, contrairement à leurs ancêtres, sont prêtes et désireuses d'accepter "l'autorité".

Nous avons assisté à la montée des éléments néo-bolchéviques intégrés au Parti républicain, censé être un parti conservateur. Mais sous la direction du président George W. Bush, un candidat à la fonction choisi par les "300", nous avons vu les États-Unis se transformer en une puissance belligérante tentant d'imposer la volonté des "300" au monde. Le Club de Rome a créé la guerre de 25 ans au Salvador, comme partie intégrante du plan plus large élaboré par Elliot Abrams du Département d'État américain.

Si seulement nous, aux États-Unis, avions des hommes d'État et non des politiciens à la tête du pays, les choses seraient bien différentes. Au lieu de cela, nous avons des agents du Tavistock comme Bernard Levin qui écrivent des documents sur le conditionnement de l'esprit du Tavistock, qui sont vendus comme de la philosophie dans les publications du Club de Rome sur la façon de briser le moral des nations et des dirigeants individuels.

Voici un extrait d'un des articles de Levine :

> L'une des principales techniques pour briser le moral des troupes par une stratégie de terreur consiste exactement en cette tactique : maintenir la personne dans le flou quant à sa position et à ce qu'elle peut attendre.
>
> En outre, si les fréquentes hésitations entre les mesures disciplinaires sévères et les promesses de bon traitement, ainsi que la diffusion de nouvelles contradictoires, rendent la structure de la situation peu claire, l'individu peut cesser de savoir si un plan particulier le mènerait vers son objectif ou l'en éloignerait. Dans ces conditions, même les personnes qui ont des objectifs précis et qui sont prêtes à prendre des risques sont paralysées par le grave conflit intérieur qui les oppose.

Ce plan directeur du Club de Rome s'applique aux pays ainsi qu'aux individus, et en particulier aux dirigeants gouvernementaux de ces pays. Nous, aux États-Unis, n'avons pas besoin de penser "Oh, c'est l'Amérique, et ce genre de choses n'arrive pas ici". Laissez-moi vous assurer qu'elles se produisent aux États-Unis — peut-être plus que dans tout autre pays.

La manière dont l'ancien président Richard Nixon a été contraint de quitter ses fonctions est typique de la méthodologie Levin. Si Nixon n'avait pas été démoralisé et désorienté, et s'il avait tenu bon, il n'aurait jamais pu être mis en accusation. Le plan de Levin et du Club de Rome est conçu pour nous démoraliser tous, de sorte qu'à la fin, nous pensons que nous devons suivre ce qui est prévu pour nous. Nous suivrons les ordres du Club de Rome, comme des moutons. Tout leader apparemment fort, qui apparaît soudainement pour "sauver" la nation, doit être considéré avec la plus grande suspicion.

Les États-Unis étant spirituellement et moralement en faillite, notre base industrielle détruite, mettant 40 millions de personnes au chômage, nos grandes villes étant des cloaques épouvantables où se produisent tous les crimes imaginables, avec un taux de meurtre presque trois fois supérieur à celui de n'importe quel autre pays, avec 4 millions de sans-abri, la corruption du gouvernement atteignant des proportions endémiques, qui contestera que les États-Unis sont prêts à s'effondrer de l'intérieur, dans les bras du nouveau gouvernement mondial de l'âge des ténèbres ?

Est-ce que quelque chose pourrait être plus effrayant ou dangereusement sinistre ?

Les autres membres du Club de Rome aux États-Unis étaient Walter A. Hahn, du Congressional Research Service, Ann Cheatham et Douglas Ross, tous deux économistes principaux. La tâche de Ross, selon ses propres termes, était de "traduire les perspectives du Club de Rome en législation pour aider le pays à se défaire de l'illusion de l'abondance". Ann Cheatham était la directrice d'une organisation appelée "Congressional Clearing House for the Future".

De temps en temps, le Club de Rome organise des réunions et des conférences qui, parce qu'elles se présentent sous des titres inoffensifs, semblent peu menaçantes pour notre pays. Lors de ces réunions, des comités d'action sont formés et chacun d'entre eux se voit attribuer une tâche spécifique et une date cible précise avant laquelle leur mission doit être menée à bien. L'ALENA et l'Accord sur le commerce mondial étaient deux de ces projets. Comme je l'ai dit en 1981, nous sommes installés, politiquement, socialement et économiquement, de manière à rester enfermés dans les plans du Club de Rome. Tout est truqué contre le peuple américain.

Si nous voulons survivre, nous devons d'abord briser la

mainmise du Comité sur notre gouvernement. À chaque élection depuis que Calvin Coolidge s'est présenté à la Maison-Blanche, le Comité a pu placer ses agents à des postes clés du gouvernement, de sorte qu'il importe peu de savoir qui obtient le poste à la Maison-Blanche.

La preuve de l'existence du Comité des 300 est quelque chose que l'on me demande souvent de fournir : Walter Rathenau, un éminent politicien socialiste et conseiller financier des Rothschild — et on peut imaginer à quel point Rathenau devait être puissant, a écrit un article dans la Wiener Press, qui l'a publié le 24 décembre 1921.

Dans l'article cité par le *Comité des 300*, Rathenau fait ce commentaire étonnant :

> *Seuls trois cents hommes, dont chacun connaît tous les autres, gouvernent le destin de l'Europe. Ils choisissent leurs successeurs dans leur propre entourage. Ces hommes ont entre leurs mains les moyens de mettre fin à la forme d'État qu'ils jugent déraisonnable.*

Exactement six mois plus tard, le 24 juin 1922, Rathenau est assassiné pour son indiscrétion. Il y a cent ans, cela n'aurait pas pu se produire, mais aujourd'hui, cela s'est produit et suscite peu de commentaires. Nous avons succombé à la guerre de pénétration à longue portée menée contre cette nation par Tavistock. Comme la nation allemande, vaincue par l'initiative de bombardement de l'assurance Prudential, suffisamment d'entre nous ont succombé pour faire de cette nation le type de régime totalitaire du passé qui n'aurait été envisagé que dans leurs rêves. "Voici", diraient-ils, "une nation, l'une des plus grandes du monde, qui ne veut pas de la vérité. On peut se passer de toutes nos agences de propagande. Nous n'avons pas à lutter pour cacher la vérité à cette nation ; elle l'a volontairement rejetée de son propre chef. Cette nation est un repoussoir."

Ceci est proclamé ouvertement dans les conseils et forums mondiaux comme la fin de l'ancienne ère et le début d'un état d'être, qui est au-delà de toute conspiration.

C'est le monde proclamé par H.G. Wells, ce qu'il a appelé *la Nouvelle République*. Cette Nouvelle République est maintenant au-delà de la Conspiration et elle est dirigée par les contrôleurs des États-Unis spécialement choisis par le Comité des 300 sur lesquels nous n'avons aucun contrôle.

Chapitre 16

Guerre et monnaie de papier

L a lutte d'après-guerre pour le rachat de 550 millions de dollars en Greenbacks, vendus pour 250 millions de dollars en or, fait partie de l'histoire, mais sort du cadre de cette enquête. Ainsi le papier-monnaie est devenu l'instrument de la guerre, et la tyrannie a repris pied sur le continent américain. La victoire de 1776 a été retournée.

Pour en revenir à Patterson et au roi Guillaume, étant un lectorat intelligent, vous allez poser des questions. Patterson, direz-vous, a fourni les moyens de faire circuler du papier-monnaie partiellement garanti, mais qui a fourni les biens réels nécessaires pour mener la guerre ? C'est une bonne question. La réponse est la suivante : les mêmes personnes qui refusaient de payer la guerre en augmentant les impôts directs fournissaient maintenant les crédits et les armes, par le biais de la ruse du papier-monnaie, permettant au roi Guillaume de s'emparer de leurs biens par un subterfuge, qui dépréciait en même temps la valeur de leur argent. Ses sujets n'ont pas reçu une véritable facture pour le coût de la guerre, qui leur a été cachée, mais ils ont tout de même payé le coût de la guerre.

C'est exactement ce qui se passe chaque fois que les États-Unis partent en guerre. On ne nous dit jamais combien coûte la guerre, et comme le gouvernement n'ose pas prendre le risque d'une révolte, la guerre est financée par des impôts indirects, c'est-à-dire par du papier-monnaie, de la monnaie fiduciaire sans garantie, imprimée en quantités toujours plus grandes sans aucune garantie. Le peuple anglais est également privé de son droit de débattre de ces questions. Cela se produit encore aujourd'hui, surtout lorsque la propagande est introduite. Dans ces moments-là, lorsque la propagande prend le dessus, le débat raisonné est écarté et les émotions sont à fleur de peau. Presque toutes les écoles et universités américaines enseignent que l'Amérique est entrée en guerre deux fois au cours des dernières années afin de préserver la démocratie, et parce que la liberté de l'Amérique était menacée par l'Allemagne.

Il n'a jamais été expliqué comment une nation de seulement 95 millions d'habitants, limitée démographiquement et disposant de peu de ressources naturelles, pouvait espérer atteindre ses prétendus objectifs.

Apparemment, il n'y avait pas assez de personnes prêtes à poser la question. L'Amérique est devenue la victime d'une propagande habile émanant des "think tanks" du Royal Institute for International Affairs et du Tavistock Institute.

L'Allemagne n'était pas l'agresseur, ni dans la première ni dans la Deuxième Guerre mondiale. Objection, des traités ont été créés comme celui entre la Grande-Bretagne et la Tchécoslovaquie pour s'assurer que la guerre aurait lieu.

Dans le cas de l'Amérique, la guerre a été assurée par l'incident du Lusitania pour lequel l'Allemagne a été blâmée. Et dans le cas de la Seconde Guerre mondiale, ce fut Pearl Harbor. On peut s'étonner que les conspirateurs aient pu s'en tirer avec une propagande aussi flagrante, mais nous avons vu pire à l'époque du Viêt Nam. Il n'est donc peut-être pas trop difficile de comprendre comment les États-Unis ont succombé à une propagande massive, qui a entraîné le pays dans deux guerres mondiales.

Nous avons vu la même chose se reproduire en Corée et au Vietnam ; et cela se reproduit aujourd'hui, sous nos yeux, en Amérique centrale, dans les Balkans, en Afrique et au Moyen-Orient, notamment en Irak. Depuis la guerre de Sécession, les agents de Rothschild, qui étaient également des agents de la noblesse noire, étaient à pied d'œuvre pour tenter d'établir une banque centrale aux États-Unis. Ils n'avaient pas l'intention de laisser un patriote comme Andrew Jackson se mettre en travers de leur chemin. Pour le public juste avant 1905, c'était une question obscure parce qu'elle n'était pas comprise, et les gens ne comprenaient pas qu'elle affecterait profondément chaque âme vivante en Amérique si les agents de Rothschild obtenaient ce qu'ils voulaient.

En 1905, J.P. Morgan a planifié une petite dépression dans l'économie américaine, afin que le peuple réclame une protection contre toute dépression future en créant une Banque centrale, qui, selon Morgan, était nécessaire pour protéger le "bas peuple" contre les dépressions. J. P. Morgan, l'agent fiscal de plusieurs pays européens, un fait révélé par le grand Louis T. McFadden, a ensuite déclenché la dépression qu'il avait planifiée en 1907, et a fait paniquer les gens pour qu'ils réclament une Banque centrale pour les protéger. Les dépressions sont provoquées dans le seul but de transférer la richesse non gagnée des personnes qui l'ont créée, vers l'aristocratie bancaire parasite qui ne l'a pas gagnée.

Le projet de loi Aldrich est d'abord rejeté, car le public considère qu'Aldrich est trop dans la poche de Belmont. Mais les sponsors de la loi ont persévéré jusqu'à ce qu'ils réussissent. Avec la perte de liberté entraînée par la nouvelle Federal Reserve Bank, le décor était planté pour une explosion de l'offre de papier-monnaie, non pas par la réserve fractionnaire ou les prêts commerciaux normaux ; c'était trop lent, mais par les moyens permettant à l'Amérique d'entrer en guerre, qui avait commencé en 1914. Bien que le public n'ait jamais réalisé ce que les banquiers faisaient, plusieurs membres du Congrès l'ont fait, et ils ont attaqué Morgan et Warburg. Des hommes comme les députés LaFollette et Lundeen ont inclus Rockefeller dans leurs critiques.

Cela figure dans le *Congressional Record*, volume 55, pages 365 à 372, du 5 avril 1917 :

> *En 1917, Morgan avait lancé d'énormes emprunts, dont il pensait qu'ils seraient garantis par l'entrée en guerre de l'Amérique dans les deux ans. (Il était exact dans son calcul). Morgan était entouré d'admirateurs des aristocrates et des*

familles féodales d'Europe et d'Amérique. L'un de ces hommes était Herbert Crowley, un véritable amoureux de l'aristocratie médiévale. Morgan connaît le pouvoir de la presse et l'utilise comme sa machine de propagande personnelle afin de créer une atmosphère hystérique anti-allemande. Selon le député Calloway, Morgan a pris le contrôle des journaux les plus influents en les achetant avec du papier fiduciaire non garanti. Il les a dotés de 12 de ses employés qui étaient plus intéressés à nuire à l'Amérique qu'à la servir. Ces journaux influents sont alors devenus rien de plus que des moulins à propagande. Le débat raisonné a fui. L'hystérie l'a remplacé ; le petit mouvement pour la paix a été submergé.

La révolution américaine a changé tout cela. Elle a dirigé l'hostilité du peuple vers la bonne cible, les aristocrates, et a brisé leur emprise sur ce pays. Malheureusement, les mêmes colons, ou je devrais dire leurs descendants, n'ont pas vu aussi clairement l'esclavage qui se cachait derrière la Réserve Fédérale ; pour eux, c'était une question obscure, et donc, ce qui a été gagné en 1776 a été perdu par défaut en 1913. L'aristocratie secrète, mise en garde par Jefferson, a imposé son joug de servitude sur le peuple américain avec l'adoption de la loi sur la Réserve fédérale de 1913. La date n'était pas un accident ; elle était à peine à la limite de leur calendrier de guerre, qui a été déclarée en 1914. Sans le papier-monnaie "créé" par la banque centrale, il n'y aurait pas eu de guerre mondiale.

L'aristocratie cachée vit de l'exploitation des producteurs de la richesse réelle, le peuple, et du transfert de la richesse produite par les travailleurs à son profit par diverses ruses, vivant ainsi en fait comme des parasites du peuple. C'est en fait presque le même système qui était employé par l'aristocratie ouverte de l'âge des ténèbres, lorsque les seigneurs féodaux liaient les paysans à la terre, afin de pouvoir leur voler les fruits de leur travail, et aussi prendre leurs femmes de force puisqu'ils voyaient la vie des paysans comme bon marché et exploitable, plus de possessions. Les aristocrates d'Amérique considèrent également la vie des gens comme bon marché. Des millions de nos hommes n'ont-ils pas donné leur vie en combattant deux guerres mondiales ? La seule différence est que nos seigneurs féodaux, les Marshall, les Harriman, Mellon, Fields, Pratt, Stillman, Aldrich, Rockefeller, Cabot Lodges, Guggenheimer, Kuhn Loeb, Morgan, Warburg, etc. sont des aristocrates cachés, tandis que leurs homologues européens sont des aristocrates ouverts. Cela ne s'appliquait pas à l'Union soviétique, où les aristocrates qui dirigeaient le pays étaient en fait des aristocrates cachés, même s'ils s'appelaient eux-mêmes le Politburo, les communistes, etc.

L'aristocratie ouverte est un état publiquement déclaré, tandis que l'aristocratie secrète opère dans la clandestinité, ce qui est la façon dont la majeure partie du monde est gouvernée aujourd'hui en 2007.

La véritable démocratie n'existe pas, puisque la majorité des gens dans le monde, y compris en Amérique, ne sont pas autorisés à conserver le fruit de leur travail. Il leur est refusé par une variété de méthodes non démocratiques, puis transféré à la clandestinité ou à l'aristocratie ouverte.

Pour être aristocrate, il faut une grande richesse, qui doit être acquise, car un parasite ne travaille jamais. Et le papier-monnaie s'est avéré être une aubaine pour cette classe, car il permet de transférer de manière régulière la richesse gagnée par le peuple. Lorsque la situation se dégrade, des guerres sont créées pour accélérer le processus de transfert. Ainsi, sans se soucier de la souffrance qu'ils ont causée, les nobles seigneurs d'Amérique ont envoyé des millions d'Américains à la mort lors des deux guerres mondiales, non seulement pour s'enrichir et asseoir leur pouvoir, mais aussi pour se débarrasser de ce qu'ils considéraient comme un excès de population.

Si le gouvernement de l'époque avait été contraint de recourir à une hausse drastique des impôts directs pour payer la guerre, l'ardeur à la guerre aurait été immédiatement freinée. Mais avec le mécanisme fourni par la Réserve fédérale, il n'était pas nécessaire d'annoncer au peuple qu'on le menait au désastre. L'enthousiasme pour la guerre a été attisé par des experts bien formés du Royal Institute for International Affairs et de

Tavistock envoyés sur place pour faire le travail. Contre de telles organisations, la population n'avait aucune défense. Tout leader national, comme Charles Lindbergh, qui a vu clair dans toute cette sale affaire a été immédiatement neutralisé ; son audace lui a coûté l'enlèvement et la mort de son fils en bas âge.

Lorsque l'hystérie de la guerre éclate, les hommes perdent toute raison. La capacité à débattre des questions se perd dans un flot de patriotisme induit, les questions sont décidées sur la base de l'émotion, et les principes de liberté et de justice sont abandonnés pour le bien supposé de la nation.

Les chants patriotiques, l'agitation du drapeau et la musique martiale prennent la place d'un jugement prudent. S'il était possible d'attirer l'attention de la population à un moment d'hystérie collective induite pour la guerre, alors nous pourrions théoriquement battre le grand tambour du coût caché de la guerre et enlever le rideau de fumée de la monnaie papier, et souligner que le pouvoir de dévaloriser notre monnaie au profit de quelques-uns appartient à ceux-là mêmes qui font de l'agitation pour la guerre. Nous pourrions expliquer que le but de la guerre est d'enrichir les aristocrates retranchés dans leur position de pouvoir absolu. Nous pourrions même montrer que la guerre n'est pas pour le bien de la nation, et que les banquiers n'ont pas le monopole du patriotisme.

Nous pourrions même être en mesure d'expliquer le lien entre le papier-monnaie et les guerres dont les banquiers tirent d'énormes profits. Nous pourrions prouver qu'en agrégeant les richesses entre leurs mains, les aristocrates sont en fait les ennemis de la liberté, et non ses défenseurs, et qu'ils sont aussi mauvais, sinon pires, que les communistes, car les richesses qu'ils ont agrégées pour eux-mêmes ne sont jamais capitalisées pour produire davantage de richesses pour le bien de la nation. Nous pourrions certainement prouver de ce point de vue que l'on demande au peuple de faire la guerre pour la défense d'un principe non chrétien, celui du faux capitalisme. Le principe correct pour notre républicanisme est le capitalisme chrétien, qui n'a aucun point commun avec le socialisme.

Mon message est bien différent de la cacophonie hideuse de sifflements, de caquètements et de hurlements qui passe pour des "nouvelles" sur les écrans de télévision chaque soir. Nous, le peuple, ne sommes plus souverains parce que nous avons permis à nos représentants au Congrès de céder notre souveraineté en 1913 à un groupe d'hommes sans visage, qui sont en désaccord avec notre République ; des hommes qui nous considèrent comme des paysans remplaçables. Pas étonnant qu'Osée ait dit que nous périssions par manque de connaissance. Notre peuple ne savait pas ce que représentait le Système de la Réserve Fédérale en 1913, et la majorité d'entre nous ne le sait toujours pas aujourd'hui.

Il est clair que la victoire des colons en 1776 a été annulée par la prolifération de vastes quantités de papier-monnaie partiellement ou totalement non garanti, dont il existe trois types :

> ➤ Le banquier a le droit d'émettre plus de papier qu'il n'a d'or ou d'autres richesses réelles pour le garantir entièrement.

> ➤ Où les banques centrales prêtent de l'or aux petites banques en temps de crise.

> ➤ La monnaie légale, qui supprime l'échelle de mesure de l'or (les échelles permettent aux gens et aux nations de rester honnêtes) et la remplace par du papier ayant cours légal, qui n'est soutenu par rien, pas même par une promesse de paiement en argent réel. Ce n'est pas de l'argent, mais le gouvernement dit que nous devons l'accepter comme tel, et voilà que nous le faisons ! Si nous cessions d'accepter le papier-monnaie, il serait impossible de déclencher des guerres sans de nouvelles taxes très lourdes.

> ➤ La prolifération du papier-monnaie se produit parce qu'il ne repose pas sur une base fixe, comme l'or, mais sur une base de papier-monnaie en constante expansion, une véritable baudruche en papier. D'une manière générale, toutes ces méthodes ont été utilisées pour financer les

guerres dans le passé et plus la prolifération de la baudruche était importante, plus les guerres duraient longtemps. À l'inverse, dès qu'un pays revenait à une monnaie adossée à l'or ou à une monnaie métallique, tout simplement, les guerres se terminaient rapidement. Le paiement en espèces est un excellent remède contre la guerre ! Pas de monnaie réelle égale pas de guerre sans un énorme impôt direct prélevé au risque d'une rébellion.

L'Amérique a été véritablement libre pendant un certain temps, grâce au génie de Thomas Jefferson, qui a vu le monde entrer dans une période d'esclavage sous couvert d'aristocratie. Il a compris le rôle du papier-monnaie et il a compris le rôle prévu des banques centrales. Il savait que le papier bancaire est un permis de voler, et qu'une banque centrale n'est que le mécanisme par lequel ce permis est émis et grossièrement étendu. Il savait également que le papier-monnaie non garanti est synonyme d'esclavage.

Quand vous volez un homme, et qu'il est impuissant à faire quoi que ce soit, c'est de l'esclavage ! Jefferson a vu que les propositions des aristocrates pour une banque centrale n'étaient qu'une resucée du contrôle exercé par les nobles sur les paysans au cours de l'âge sombre.

Le président Andrew Jackson poursuivit l'âpre lutte pour l'abolition de la banque centrale, ce qu'il réussit à faire en dépit de tous les obstacles. L'Amérique entra dans une période d'expansion économique rapide, prouvant à quel point Jefferson et Jackson avaient raison. La nation américaine s'était libérée du joug du parasite ; elle était libre de produire autant de richesses réelles que ses talents le lui permettaient, mais surtout, elle était autorisée à conserver les fruits de son travail. Tout cela a changé avec la promulgation de la loi sur le Système de la Réserve Fédérale. Et je veux que vous vous souveniez que le Système de la Réserve Fédérale a commencé à partir de zéro en 1914 sans un seul penny, et pourtant en 1939, par exemple, le système avait récolté un profit de 23 141 456 197$. Pas un seul centime n'est allé au gouvernement du peuple, qui ne possède pas une seule action de la Banque ! (Les chiffres sont tirés du *Congressional Record*, 19 mai 1939, page 8896).

La voie était ouverte pour que les aristocrates volent les fruits de notre travail, exactement comme ils ont volé les fruits du travail des paysans en Europe au Moyen-Âge. Lors de la première et de la Deuxième Guerre mondiale, les soldats américains ont été envoyés en Europe et dans le Pacifique pour mener des guerres sanglantes afin de préserver les prêts des banquiers et de perpétuer le système d'esclavage imposé par le Federal Reserve Act de 1913.

Jefferson explique qu'en tant que nation, nous sommes confrontés à deux ennemis : un ennemi extérieur et un ennemi intérieur. Jefferson et Lincoln ont tous deux affirmé que l'ennemi intérieur représentait le plus grand danger pour notre République et notre liberté. Alors que l'attention de l'Amérique est dirigée vers le plus visible des deux, qui est aujourd'hui ce qu'on appelle la "terreur mondiale", les aristocrates deviennent plus forts et encore plus puissants, jusqu'à ce qu'en 2007, ce soit l'aristocratie secrète qui représente un terrible danger pour notre existence en tant que nation basée sur les idéaux républicains de liberté. Et le moyen d'y parvenir est toujours le papier-monnaie.

On se souvient que Morgan et sa mini-dépression de 1907 ont été suivis d'un slogan aguicheur, selon lequel le petit peuple ne serait plus jamais confronté à des faillites bancaires si seulement le gouvernement consentait à créer une Banque centrale ? Eh bien, regardons ce qui s'est passé depuis.

Les statistiques montrent que plus de banques ont fait faillite depuis qu'une banque centrale a été créée dans ce pays en 1913, qu'à n'importe quelle autre période de notre histoire ! Pire encore, depuis lors, nous sommes devenus des obligés, car chacun d'entre nous doit des intérêts, et quand nous devons des intérêts, nous sommes des obligés, et qu'est-ce qu'un obligé, sinon un esclave bien sûr !

Qu'est-ce qui rend la servitude possible ? C'est bien sûr, le papier-monnaie !

La réponse de l'aristocratie est de créer des déficits budgétaires plus importants, ce qui fera proliférer et donc augmenter l'offre de papier-monnaie non garanti, afin que quelques-uns puissent s'enrichir davantage aux dépens du peuple. Lorsque l'on a dénoncé les énormes dépassements de coûts du projet de missile Minuteman, la société Lockheed a reçu une importante subvention du gouvernement, qui est arrivée juste à temps pour payer la lourde facture juridique qu'elle a dû payer suite à la divulgation de l'affaire Fitzgerald.

C'est un exemple d'ennemi intérieur. Nous ne devons pas craindre l'ennemi lointain autant que l'ennemi intérieur. En cas de besoin, la nation peut rassembler ses énormes ressources en peu de temps et vaincre n'importe quel ennemi extérieur. Nous avons démontré notre capacité à le faire pendant la Seconde Guerre mondiale ; seule l'histoire montrera que nous avons combattu le mauvais ennemi ! Quel est donc le véritable objectif des guerres dans lesquelles les États-Unis se sont engagés ?

S'agissait-il de se défendre contre un peuple primitif semi-sauvage et sa faible culture, des gens comme les Vietnamiens par exemple ? Non, c'était pour détourner notre attention du véritable ennemi, les parasites qui infestent notre corps national, tout comme les seigneurs féodaux détournaient et rejetaient l'hostilité vers l'extérieur, et loin d'eux-mêmes, vers un danger imaginaire. L'Empire romain a toujours excité les guerres étrangères dans le même but.

Géographiquement, l'Amérique est relativement à l'abri des invasions, et nous avons la technologie pour nous défendre contre tout ce que l'ennemi peut avoir. Mais que s'est-il passé ? Les aristocrates agissant par l'intermédiaire de leurs mercenaires comme Robert McNamara nous ont forcés à abandonner notre meilleure défense contre les missiles ICBM. Oui, nous avons abandonné notre bouclier.

Après avoir tergiversé pendant des années et s'être opposé à cette idée, McNamara, le mercenaire des aristocrates, a refusé de dépenser l'argent alloué par le Congrès pour nos meilleures armes à faisceau de particules qui pouvaient être placées dans l'espace, d'où elles auraient été capables de faire exploser tous les missiles ennemis visant les États-Unis avant qu'ils n'atteignent leur cible !

On pourrait penser qu'il y aurait une clameur pour installer une telle défense. Au contraire, les mêmes personnes dirigées par le même McNamara ont parcouru le pays en prêchant un refrain de haine contre les armes à rayons ! Et les médias ont déclaré que ces armes étaient ce qu'ils appellent "futuristes", comme si c'était un crime ! *Newsweek,* le porte-parole de l'ennemi intérieur, qualifie les armes à faisceau de "guerre des étoiles" ! Prenons un autre des mercenaires de l'aristocratie. Henry Kissinger.

Kissinger a quitté ses fonctions il y a des années, mais il dirige toujours secrètement la politique étrangère du pays. Le magazine *Time* rapporte qu'il est un visiteur influent de la Maison-Blanche. Kissinger dit être un grand admirateur du prince Metternich. L'histoire de l'Autriche n'étant pas une matière très populaire dans nos écoles, peu d'Américains savent ce qu'il représentait. Metternich était le Premier ministre de l'Autriche au 19ème siècle, un disciple dévoué du féodalisme. C'est contre ce tyran autoritaire que le président Monroe a dirigé sa célèbre Doctrine Monroe.

Robert McKenzie, dans son livre *The 19th Century; A History,* dit ceci à propos de Metternich :

> *Ses théories (celles de l'empereur François d'Autriche) sur le gouvernement se passaient non seulement de l'ingérence populaire, mais aussi de la critique populaire. Il ne permettait aucune liberté de pensée ou de parole ; il maintenait son peuple dans une soumission abjecte, croyant que c'était pour son bien.*
>
> *Il imposait une censure stricte sur la presse et un examen minutieux de tous les imprimés provenant de l'étranger, afin que les agitateurs étrangers ne troublent pas l'heureuse*

tranquillité que l'absence de pensée était censée produire. Il soutenait un système minutieusement ramifié de police secrète, grâce auquel il serait averti à temps si, par malheur, la contagion du libéralisme atteignait son peuple.

Pour toutes les mesures qu'il prit pour supprimer l'intelligence de son peuple et préserver sans tache cette loyauté ignorante sans laquelle il croyait le gouvernement impossible, il fut habilement soutenu par son ministre rusé et sans scrupules, le prince Metternich ; un despotisme plus absolu n'a jamais existé parmi les hommes que celui qui a été maintenu jusqu'à la fin de la vie de l'empereur.

Vous savez maintenant ce que Kissinger ferait de nous, si jamais il obtenait le pouvoir absolu sur ce pays. C'est Kissinger qui a craché sur la Doctrine Monroe et piétiné la tombe de Monroe avec des sabots fourchus. Je fais référence à la tache honteuse sur les pages de notre histoire américaine, la guerre des Malouines, lorsque nous avons pris le parti de la reine d'Angleterre dans sa guerre contre l'Argentine.

Nous avons trahi Jefferson, Jackson et Monroe. Nous avons sali notre propre histoire et tradition politique en rompant le traité de Rio, que nous avons signé et qui nous obligeait à repousser tous les attaquants qui s'aventuraient dans cet hémisphère. Nous avons montré au monde que nous sommes un allié peu fiable, dont on ne peut se fier pour respecter nos obligations écrites, — et nous l'avons encore fait avec la guerre du Golfe et la destruction de la Serbie ! D'où venait l'argent pour payer ces aventures honteuses ? Il est venu de la presse à imprimer de l'argent à partir de rien !

S'opposer à la guerre est un métier difficile, solitaire et souvent dangereux. Lorsque l'hystérie de la guerre est générée, les banquiers se mettent à clamer haut et fort leur patriotisme. Toute personne qui ne se joint pas à la clameur en faveur de la guerre est étiquetée comme "antipatriotique". Je ne parle pas du petit élément qui s'oppose à la guerre pour de mauvaises raisons, des gens qui suivent Jane Fonda, qui a utilisé la guerre du Vietnam pour promouvoir le socialisme ; ils peuvent être écartés avec le mépris qu'ils méritent. Je parle d'hommes et de femmes véritablement patriotes, qui examineront le véritable motif de la guerre et découvriront qu'elle n'est rien d'autre qu'un moyen de garantir les prêts des banquiers et d'enrichir l'aristocratie.

Bien sûr, il y a eu quelques fois où la guerre a été menée pour la vraie liberté, comme dans le cas de la guerre d'indépendance américaine et de la guerre des Boers en Afrique du Sud, mais ce sont des raretés. La meilleure façon de faire échouer les plans actuellement élaborés pour la prochaine guerre est d'éliminer progressivement et de se passer de la monnaie papier sans garantie, et de revenir à une monnaie libellée en or, basée sur l'or à 700 dollars l'once. Ensuite, nous devons réellement équilibrer le budget. Malgré les hauts cris des membres du Congrès des deux partis, les banquiers n'ont pas le moindre intérêt à ce que cela se produise. Ils utilisent leurs mercenaires pour faire du bruit en faveur d'un budget équilibré, mais ce n'est qu'un bluff et une imposture.

Si nous supprimions le déficit en équilibrant le budget, cela entraînerait une forte hausse des taux d'intérêt. Les créateurs de la vraie richesse, nous, le peuple ne pourrait plus être exploité aussi facilement, car le gouvernement ne pourrait pas si souvent recourir à la presse à imprimer pour écouler l'argent dont il a besoin. Au lieu de cela, le gouvernement devrait s'adresser au même marché que les entreprises pour emprunter de l'argent, ce qui, pendant un certain temps, ferait disparaître les taux d'intérêt. Wall Street ne se remettrait pas de sitôt d'un tel coup de tonnerre.

La rhétorique vide utilisée par les politiciens pour récolter des votes afin de rester au pouvoir ferait place à une action immédiate. Une forte pression serait exercée sur le gouvernement pour qu'il se dépêche d'équilibrer le budget afin qu'il ne soit plus nécessaire d'emprunter. L'inefficacité militaire entraînant le gaspillage serait stoppée. Au lieu d'être vilipendées, les personnes qui s'y opposeraient seraient saluées comme des héros ! Nous devons respecter la Constitution pour mettre fin aux guerres non déclarées, qui ne sont pas dans notre intérêt. Plus de guerres non déclarées comme la Corée, le Vietnam, la

Yougoslavie et les guerres du Golfe. Si nous devons un jour nous battre pour préserver notre liberté, le gouvernement doit soumettre la question à la population sans faire de propagande.

Nous devons débattre de toutes les questions et décider de la ligne de conduite à adopter, et si c'est la guerre, qu'on l'appelle guerre, et non pas la résolution du Golfe du Tonkin. Maintenant que nous sommes un Empire, appelons notre armée par son nom propre, le Département de la Guerre, et non le Département de la Défense ! De plus, à ce moment-là, le gouvernement doit dire au peuple comment le coût de la guerre sera pris en charge. Plus de guerres par le biais de papier-monnaie. Cela doit disparaître ! Plus de subterfuges pour nous impliquer dans des guerres afin de récolter des profits pour les banquiers ! Plus de guerres du Golfe. Allons au-delà de la conspiration.

Par exemple, lorsque les troupes américaines se sont rendues pour la première fois au Viêt Nam sans y être invitées, c'était sous prétexte qu'elles allaient aider à secourir les victimes d'inondations. Elles sont restées, et la guerre en a résulté. La guerre doit être reconnue par la définition de Clausewitz : "La guerre est la continuation de la politique par d'autres moyens."

Le Vietnam est entré dans la clandestinité et la tromperie à grande échelle, sans déclaration de guerre officielle. Kissinger l'a prolongé quand on pensait qu'il pourrait se terminer trop tôt. Kissinger a fait traîner en longueur les négociations de "paix" de Paris, tout en rejetant la responsabilité du retard sur les Vietnamiens.

Cela a permis aux banquiers de faire en sorte que le jeu en vaille la chandelle en termes de profits. Ce retard a tué plus de nos hommes dans le hachoir à viande ; cela ne semblait pas avoir d'importance.

Les guerres rapportent d'énormes profits aux banquiers. Rothschild a fait 4 milliards de dollars avec la guerre civile. Personne ne sait combien ont rapporté les deux guerres mondiales, la Corée et le Vietnam. Ce qui est certain, c'est que la prochaine guerre est en train d'être planifiée en ce moment même (le gouvernement le fait, sinon pourquoi parler du service militaire ?). Les banquiers des deux camps n'ont pas l'intention de détruire les actifs de l'autre. Lors des deux guerres mondiales, il y avait un accord non écrit pour ne pas bombarder les usines de munitions pour la même raison.

La prochaine guerre sera une autre guerre de type "moitié-moitié". Si vous avez des doutes à ce sujet, regardez ce qui se passe déjà au Moyen-Orient. Si les États-Unis doivent s'impliquer au Moyen-Orient, alors le président doit montrer au peuple de ce pays sur quelles bases légales exactement nous devons entrer en guerre. Il doit également nous dire ce que cela coûtera, et comment nous allons payer pour cela. Ensuite, le Congrès doit déclarer la guerre et envoyer nos forces sur place avec l'objectif de gagner la guerre dans les plus brefs délais.

Il existe un lien avéré entre le papier-monnaie et toutes les guerres depuis 1694. Prenez la période de 1915 à 1917, au cours de laquelle nous avons assisté à une énorme augmentation de l'offre de papier-monnaie couplée à une chute spectaculaire de son pouvoir d'achat. La guerre n'est pas organisée pour le bien commun, à l'exception notable de la guerre de 1776, mais pour le bénéfice de ceux qui rédigent la législation et engrangent les profits, et si les grands avantages dont bénéficient les aristocrates grâce aux guerres financées par le papier-monnaie devaient être supprimés, il y aurait soudainement peu de raisons de faire la guerre, en fait, elle deviendrait impopulaire.

Andrew Jackson a affronté la noblesse noire, les banquiers d'Europe et d'Amérique, et il les a vaincus. Il s'est tenu fermement à la Constitution et a renversé les tables des changeurs de monnaie, comme le Christ l'a fait avant lui. Il n'avait pas peur de la Cour suprême.

Quand le juge Marshall a rendu un verdict anticonstitutionnel, Jackson a dit : *"Marshall a pris sa décision, laissez-le maintenant l'appliquer."* Jackson a reconnu que la Cour suprême n'est pas au-dessus de la Constitution, et que nous, le peuple, sommes les seuls à pouvoir faire appliquer la Constitution. Plus tard, Marshall, voyant l'erreur de sa décision, est arrivé à la même conclusion. Sans papier-monnaie, l'Amérique ne serait entrée dans aucune des deux guerres mondiales. Nous n'avions aucune raison de nous impliquer.

Le Sénat l'a dit. Après une enquête minutieuse sur les causes de la Première Guerre mondiale, il a publié le document 346, dont je cite un extrait :

> *Leur responsabilité repose uniquement sur les épaules des banquiers internationaux. C'est sur leurs têtes que repose le sang de millions de mourants.*

Quelque 12 millions de personnes ont péri dans cette guerre. Le comité Nye et le comité Sisson n'ont trouvé aucune bonne raison pour laquelle nous aurions dû envoyer notre armée en Europe en 1917. Les Anglais n'ont jamais été connus comme une nation agressive ou belliqueuse jusqu'à ce que la Banque d'Angleterre établisse l'utilisation de papier-monnaie non garanti. Ensuite, l'Angleterre a mené une guerre après l'autre et est devenue le "gamecock" de l'Europe, comme l'indique la liste suivante :

- ➤ 1689-1697 La guerre du roi Guillaume
- ➤ 1702-1713 La guerre de la Reine Anne
- ➤ 1739-1742 Guerre de l'oreille de Jenkins
- ➤ 1744-1748 La guerre du roi George
- ➤ 1754-1763 Guerre française et indienne
- ➤ 1775-1783 Révolution américaine
- ➤ 1793-1801 Guerre contre la France révolutionnaire
- ➤ 1803-1815 Guerres napoléoniennes

La seule guerre que l'Angleterre n'a pas gagnée est la révolution américaine, et cela permettra peut-être de comprendre pourquoi les aristocrates ont été si choqués de perdre contre les colons américains, après une si longue série de succès.

L'Angleterre a été en guerre pendant 126 ans, de 1689 à 1815, et s'il est vrai qu'elle n'a pas été sur le champ de bataille pendant tout ce temps, nous pouvons la considérer comme étant en guerre, puisque les années intermédiaires où l'armée n'était pas sur un champ de bataille, elle se préparait à partir en guerre.

De même, l'Amérique n'était pas une nation agressive jusqu'à ce que le papier-monnaie soit instauré, puis nous sommes entrés en guerre deux fois, et avons combattu dans deux guerres dans lesquelles nous n'avions aucune raison de nous impliquer. Nous avons attaqué l'Allemagne deux fois sans provocation.

Le rapport Nye du Sénat, publié en 1934, affirmait que l'Amérique n'avait absolument aucune raison d'entrer en guerre en 1917. Depuis lors, David Rockefeller a veillé à ce qu'aucun rapport de ce type ne soit publié concernant la Seconde Guerre mondiale et la participation des États-Unis à celle-ci. Dans un document du CFR, que Rockefeller a commandé immédiatement après la fin des hostilités en 1945, il est indiqué que le CFR ne voulait voir aucune discussion sur les raisons d'entrer en guerre pour la deuxième fois en Europe, comme cela avait été le cas après la Première Guerre mondiale. Il a commandé une histoire en 3 volumes de la Seconde Guerre mondiale pour faire taire les historiens qui pourraient chercher à exposer ce qui s'est réellement passé. Il n'y a qu'une seule méthode par laquelle les aristocrates peuvent faire en sorte que les nations partent à nouveau en guerre pour eux, et c'est par l'utilisation d'une monnaie fiduciaire sans garantie, telle que celle que nous avons dans les billets de la Réserve fédérale qui passent pour des "dollars" et dont je me suis efforcé de vous montrer qu'elle est un instrument de tyrannie. Nous devons redoubler nos efforts pour retrouver la liberté apportée à ce continent par les Américains en 1776.

Aujourd'hui, en 2007, nous ne jouissons pas de la liberté. En tant que gardiens des traditions, nous devons faire ce qui est en notre pouvoir pour éclairer nos compatriotes, afin que notre statut d'esclave soit compris par le plus grand nombre d'entre eux. Si nécessaire, nous ne devons pas hésiter à réveiller l'esprit de 1776. C'est notre droit constitutionnel de forcer des changements dans le gouvernement lorsque nous, le peuple, ne sommes pas satisfaits. L'Amérique est le dernier bastion de la liberté, mais notre liberté est rapidement grignotée par les ennemis intérieurs et si nous, le peuple, pensons que l'Amérique vaut la peine d'être sauvée, alors nous avons à la fois le droit et le devoir de prendre les mesures nécessaires pour corriger ce que nous n'aimons pas. N'envoyez pas vos fils et vos filles dans une autre guerre rendue possible par le papier-monnaie ! Prenons la résolution de dépasser cette grande conspiration en l'exposant aux yeux de tous pour la gigantesque fraude qu'elle est vraiment.

Déjà parus

Cette conspiration ouverte contre Dieu et l'homme, inclut l'asservissement de la majorité des humains

L'histoire de la création des Nations Unies est un cas classique de diplomatie par le mensonge

Les événements historiques sont souvent causés par une "main cachée"

OMNIA VERITAS
OMNIA VERITAS LTD PRÉSENTE :
LA FRANC-MAÇONNERIE
de A à Z
par John Coleman
La franc-maçonnerie est devenue, au XXIe siècle, moins une société secrète qu'une "société à secrets".
JOHN COLEMAN
LA FRANC-MAÇONNERIE de A à Z
Cet ouvrage explique ce qu'est la maçonnerie

OMNIA VERITAS
OMNIA VERITAS LTD PRÉSENTE :
L'INSTITUT TAVISTOCK
des RELATIONS HUMAINES
Façonner le déclin moral, spirituel, culturel, politique et économique des États-Unis d'Amérique
par John Coleman
Sans Tavistock, il n'y aurait pas eu la Première et la Deuxième Guerre mondiale
JOHN COLEMAN
L'INSTITUT TAVISTOCK des RELATIONS HUMAINES
Les secrets du Tavistock Institute for Human Relations

OMNIA VERITAS
OMNIA VERITAS LTD PRÉSENTE :
LA DICTATURE de l'ORDRE MONDIAL SOCIALISTE
Pendant toutes ces années, alors que notre attention était concentrée sur les méfaits du communisme à Moscou, les socialistes à Washington étaient occupés à voler l'Amérique !
PAR JOHN COLEMAN
JOHN COLEMAN
LA DICTATURE de l'ORDRE MONDIAL SOCIALISTE
"L'ennemi à Washington est plus à craindre que l'ennemi à Moscou."

OMNIA VERITAS
OMNIA VERITAS LTD PRÉSENTE :
LA TRILOGIE WALL $TREET
PAR ANTONY SUTTON
"Le professeur Sutton restera dans les mémoires pour sa trilogie : Wall St. et la révolution bolchevique, Wall St. et FDR, et Wall St. et l'ascension d'Hitler."
ANTONY SUTTON
LA TRILOGIE WALL $TREET
Cette trilogie décrit l'influence du pouvoir financier dans trois évènements clés de l'histoire récente

OMNIA VERITAS & LE RETOUR AUX SOURCES
présentent la Collection EUSTACE MULLINS
MEURTRE PAR INJECTION
NOUVELLE HISTOIRE DES JUIFS
Les secrets de la RÉSERVE FÉDÉRALE

OMNIA VERITAS
OMNIA VERITAS LTD PRÉSENTE :
JÜRI LINA
LES ARCHITECTES DU MENSONGE
L'HISTOIRE SECRÈTE DE LA FRANC-MAÇONNERIE
Un aperçu du réseau caché derrière les événements passés et présents qui dévoile les véritables raisons de plusieurs guerres et révolutions majeures.
LES ARCHITECTES DU MENSONGE
Ce système politique a été construit par des forces agissant en coulisses...

.

www.ingramcontent.com/pod-product-compliance
Lightning Source LLC
Chambersburg PA
CBHW070907270326
41927CB00011B/2483